Großgruppenunterricht
am Klavier

Großgruppenunterricht am Klavier kann nicht nur für Musikschulen und Eltern Kosten senken, es kann auch zu einer pädagogischen Aufwertung und Qualitätssteigerung des heute leider oft notwendigen Kurzunterrichts beitragen.

In diesem Buch wird gezeigt, wie elementares Technik-Training gewinnbringend und für die Schüler kurzweilig in großen Gruppen durch alle Musikschul-Altersstufen geführt werden kann.

Das hier vorgestellte Konzept ist nicht nur für Musikschulen, sondern auch für Privatmusikerzieher und Musikstudenten interessant – kurz für alle, die es wagen wollen, auf neuen Wegen erstaunliche pädagogische Erfahrungen zu sammeln.

Karin Mollat ist Schulmusikerin und Klavierpädagogin. Ihre Lehrer an der Hochschule für Musik und Theater Hannover waren Maria Dombrowski und Karl Engel. Nach dem Studium unterrichtete sie zunächst an der Goethe-Schule in Hannover, wo sie am Aufbau des Musikzweigs mitwirkte, später an der Musikschule Isernhagen & Burgwedel mit den Fächern Musikalische Früherziehung, Singklasse und Klavier. Hier führt sie bis heute eine Klavierklasse.

Aus ihrer langjährigen musikpädagogischen Erfahrung entwickelte Karin Mollat ihr Unterrichtswerk für Großgruppenunterricht am Klavier. Seit 2002 bildet sie in regelmäßigen Kursen Studenten der Hochschule Hannover im Rahmen der Klaviermethodik für diese Unterrichtsform aus.

Ergänzend zum vorliegenden Buch hat die Autorin zahlreiche Unterrichtsmaterialien entwickelt. Ausführliche Informationen darüber sind im Internet unter *www.klaviergruppen.de* abrufbar.

Karin Mollat

Großgruppenunterricht am Klavier

Erfahrungsbericht

Gestaltung und Satz: adlibri VerlagsService
Umschlaggestaltung: Wibcke Klett

Herstellung: BoD, Norderstedt

Bildnachweise:
Titelfoto: Ulf Theilen
Bei den übrigen Fotos handelt es sich um Standbilder aus Videoaufnahmen, die während des Unterrichts (1996-2005) entstanden sind.
Die Zeichnungen stammen von Musikschülern.
Graphiken und Notenbeispiele: Karin Mollat

Printed in Germany 2009
ISBN 978-3-89927-017-4

www.adlibri.de

Vorwort

In den vergangenen 15 Jahren habe ich eine Unterrichtsform entwickelt, die zu einem neuen Verständnis des Musikschulfachs Klavier führen kann. Es handelt sich um Klavierunterricht mit mindestens vier Schülern gleichzeitig. Weil dieser Großgruppenunterricht sich bewährt hat, d.h. von allen Beteiligten angenommen wurde, ist es nun an der Zeit, Bilanz zu ziehen und das Konzept weiterzugeben.

Anlass für den ersten Großgruppenunterrichtsversuch war die schwierige finanzielle Situation, die in vielen Musikschulen schon damals zum Alltag gehörte, der daraus resultierende allgemeine Schülerrückgang und die Warteliste im Fach Klavier.

Es blieb nicht beim Anfängergruppenunterricht. Im Laufe der Jahre entstanden Gruppen aus Schülern aller Altersstufen mit ganz verschiedenen Zielsetzungen. Das Klavier ist zum gruppenfähigen Instrument geworden. Der ursprüngliche Anlass trat bald in den Hintergrund. Es hatte ein Abenteuer begonnen, aus dem es kein Zurück mehr gab. Dabei ist ein Konzept entstanden, das auf sehr unterschiedlichen Ebenen Vorteile für alle Beteiligten bringen kann. Natürlich ist es auch aus finanzieller Sicht für eine Musikschule von Vorteil, wenn sie für alle Altersstufen Großgruppenunterricht im Fach Klavier anbieten kann.

Isernhagen, im Februar 2009 *Karin Mollat*

1. Was ist Großgruppenunterricht am Klavier?

Es handelt sich um Unterricht mit vier bis sechs oder auch mehr Schülern, die gemeinsam unterrichtet werden und auch den überwiegenden Teil der Unterrichtszeit gleichzeitig an mehreren Klavieren spielen. Dadurch unterscheidet er sich von dem Gruppenunterricht, wie ihn z.B. Margit Varró, Claudia Ehrenpreis/Ulrike Wohlwender und Rudolf Kitzelmann beschreiben, oder von dem Partnerunterricht bei Peter Heilbut. Es ist eine Art Ensemble-Unterricht, der nicht nur vorgeübte Einzelteile zusammenfügt. Die Schüler lernen und trainieren gemeinsam.

Von den Melodieinstrumentalisten ist bekannt, dass Gruppenunterricht viele Vorteile für Schüler und Lehrer[1] bietet. Diese lassen sich auch für das Fach Klavier nutzen, besonders in einer Musikschule, die für neue Ideen aufgeschlossen ist. Neben einem Unterrichtsraum mit der entsprechenden Anzahl von Instrumenten und einem Sekretariat, das bereit ist, auf individuell notwendige Veränderungen zu reagieren, wird passende Unterrichtsliteratur benötigt und die Bereitschaft und Phantasie, sich auf unterschiedliche Arten von Gruppensituationen einzustellen.

Der "einsame" Klavierunterricht wird zunächst zur Ausnahme. Er darf nicht grundsätzlich abgeschafft werden, soll aber in einen gewinnbringenden Zusammenhang zum Gruppenunterricht gestellt werden. Wenn ausreichend viele Klavierschüler ihre persönlich optimale Förderung im Großgruppenunterricht erhalten, dann ist Einzelunterricht nach Bedarf in ausreichendem Maß finanzierbar.

1 Aus Gründen der besseren Lesbarkeit wird auf die Nennung beider Geschlechter verzichtet, z.B. Kollegen anstatt Kollegen/innen etc.

2. Aufgaben der Musikschule

Die Musikschule möchte ihre Schüler auf dem Weg zu einem selbst gewählten Bereich der Musik möglichst so effektiv begleiten, dass sie auch an dieses Ziel gelangen.

Das individuelle Unterrichtsziel wird erreicht, wenn es dem Lehrer gelingt, die Anlagen des Schülers umfassend zu entwickeln und wenn der Schüler nach Ablauf der Unterrichtsjahre im Rahmen seiner Veranlagung das Gelernte auch weiterhin einsetzen kann und mag.

Die überwiegende Zahl der Musikschüler wird ein Ziel anstreben, das im Idealfall lebenslang zu einer Aufwertung der persönlichen Freizeit neben Beruf und Familie führen kann. Ein sehr kleiner Teil der Schüler wird einen Leistungsstand erreichen, der eine Ausbildung zum Musiker rechtfertigt. Der Aufgabenbereich der Musikschule reicht also von der Entwicklung eines qualifizierten Konzertbesuchers bis hin zur Vorbereitung eines jungen Menschen auf das Musikstudium.

Eine Musikschule benötigt dazu ein breit gefächertes Angebot innerhalb ihrer Fachbereiche, so dass möglichst jeder Schüler eine Nische findet, in der er sich gemäß seiner Veranlagung entwickeln kann, ohne über- oder unterfordert zu werden.

Diese Aufgabe wird den Musikschulen immer schwerer gemacht. Steigende Kosten und laufend gekürzte Zuschüsse sind auf diesem Wege äußerst hinderlich.

Es gilt aus dem Dilemma von Zuschusskürzungen, Gebührenanhebungen, Unterrichtszeitreduzierungen, Wartelisten und Konkurrenz von außen auszubrechen, bevor es Schülerschwund und Leistungsminderung nach sich ziehen kann.

Daraus ergab sich die Notwendigkeit, nach Auswegen zu suchen.

3. Die Entstehung des Projektes

Aufgrund eines großen Andrangs auf das Fach Klavier hatte sich eine lange Warteliste gebildet. Sie konnte nicht abgebaut werden, da Einzelunterricht in größerem Umfang aus den bekannten Gründen schon zu dieser Zeit nicht mehr finanzierbar war.

Lange Wartelisten vermitteln auf den ersten Blick den positiven Eindruck einer starken Nachfrage, die Qualität vermuten lässt. Sie zeigen aber in erster Linie nur an, wie groß der Unterrichtsbedarf im Umfeld der Musikschule ist.

Ein Kind, das heute den dringenden Wunsch äußert, ein bestimmtes Instrument zu erlernen, ist auf einer Warteliste fehl am Platz. Es wird nicht warten wollen. Die Eltern werden in der Regel einen anderen Weg finden, der zum Ziel führen kann, z.B. bei einem privaten Klavierpädagogen. Auf diese Weise entgehen einer Musikschule mit Warteliste nicht wenige Begabungen.

In anderen Musikschulfächern wurden bereits neue Wege gefunden und in den vergangenen Jahren damit gute Erfahrungen gesammelt. Beispiele dafür sind Einrichtungen wie Bläserklasse und Streicherclub. Das Klavier als ensemblefähiges Instrument ist in diesem Zusammenhang bisher weitgehend unbeachtet geblieben.

Damit alle unterrichtswilligen Schüler in die Musikschule aufgenommen werden konnten, wurde für das Projekt seinerzeit angeregt, die Klavier-Warteliste in ihrer bisherigen Form aufzulösen und sie durch kostengünstigen Gruppen-Basisunterricht am Klavier zu einer "aktiven Warteliste" werden zu lassen.

Nachdem alle regulären freien Klavierunterrichtsplätze belegt waren, blieben die jüngsten Kinder übrig. So entstand eine erste Klavieranfängergruppe mit sechs Kindern. Fünf der Kinder besuchten das erste Grundschuljahr, das jüngste Kind ging noch zur Vorschule.

Das junge Einstiegsalter für Klavieranfänger war ein Novum in der Musikschule.

4. Warum Großgruppenunterricht am Klavier?

Es ist bekannt, dass sich im Großgruppenunterricht pädagogische Mittel nutzbringend anwenden lassen, die der Einzelunterricht nicht bieten kann. Darüber ist so viel geschrieben worden, dass es hier nicht wiederholt werden muss. Wichtig sind nur die Gesichtspunkte, die für den Klavierunterricht als Großgruppenunterricht neu sind und sich als vorteilhaft erwiesen haben.

Zunächst ist das Arbeitsverhalten innerhalb einer größeren Gruppe einfacher und effektiver zu steuern. Der Gruppendruck trägt das Seine dazu bei.

Daneben bietet die große Gruppe dem einzelnen Schüler auch mehr Schutz als z.B. die üblich gewordene Zweier-Anfangsgruppe. Der Schüler steht dem Lehrer und seinen notwendigen Leistungsforderungen im Unterricht nicht mehr allein, bzw. in Konkurrenz mit nur einem Mitschüler gegenüber. Wählt der Lehrer die Lerninhalte für die Gruppe geschickt aus, kann er es schaffen, dass jeder Schüler einmal einen Leistungsvorteil innerhalb der Gruppe hat.

Zusammenspiel kann in der Gruppe von Anfang an hervorragend trainiert werden. Schüler, die aus einer Großgruppe kommen, können sich besser auf einen oder mehrere Spielpartner einstellen als Kinder, die einzeln unterrichtet wurden. Sie können besser gleichzeitig einsetzen, bzw. während des Spielens mit dem oder den Partnern durchhalten. Nur dadurch können im Unterricht befriedigende Hörergebnisse erzielt werden. Es kommt also notwendigerweise dem Ensemble-Training in der Gruppe große Bedeutung zu.

Ein in diesem Zusammenhang nützlicher und ebenso wichtiger Lerninhalt, der die Schüler befähigen kann, beim Spielen besser aufeinander zu hören, sind technische Übungen. Sie können in der Gruppe einen sportlichen Charakter annehmen. Erfahrungen, die die Kinder in der Schule oder in Sportvereinen erworben haben, können dabei genutzt werden. Es gibt "Fingersport" oder "Fingerturnen". Bei zahlreichen fachgerecht ausgeführten Repetitionen im Unterricht und zu

Hause wird das Trainingsergebnis bemerkt und vom Lehrer bestätigt. Dies ist innerhalb einer Gruppe besonders wirkungsvoll. Durch den gemeinsamen Erfolg wird der Sinn der Übungen eingesehen. Das Metronom als sportliches Maß kann sehr früh eingesetzt werden und wird in der Regel, auch gerade bei technischen Übungen, akzeptiert. Man kann den Reiz, den dieses Gerät gerade auf jüngere Kinder ausübt und besonders den Umstand nutzen, dass es aus der Sicht der Kinder relativ leicht beherrscht werden kann.

Auch Einzelausscheidungen, kleine Wettkämpfe, sind zuweilen möglich, wenn es sich um Übungen handelt, bei deren Ausführung sich alle Spieler wohlfühlen, und bei denen jeder die Chance hat, einmal Sieger zu sein.

Denkt sich der Lehrer viele Varianten für die Übungen aus und findet er immer neue Kombinationsmöglichkeiten, sie im Kanon, gleichzeitig, gegenläufig etc. ausführen zu lassen, dann halten auch schon sehr junge Schüler beim Techniktraining lange durch. Sie empfinden große Befriedigung, wenn sie gemeinsam einen oder mehrere Durchgänge einer differenzierten Übungsfolge geschafft haben.

Gruppenkinder entwickeln in der Regel keine Vorspielangst, denn sie haben immer Zuhörer. Wenn alle gemeinsam in ein Musikschulvorspiel gehen, also den Gruppenschutz mitnehmen, entfallen Verweigerungen einzelner Schüler. Bei einer solchen Gelegenheit kann in vielfältiger Form als ganze Gruppe musiziert werden, z.B. gemeinsam mit dem Lehrer im Halbkreis auf dem Podium um das Instrument herum sitzend. Von dort aus lassen sich die im Gruppenunterricht erarbeiteten Stücke auch einzeln vorspielen. Im Schutz der Gruppe spielt es sich leichter. Handelt es sich um jüngere Schüler, braucht nur noch im Vorbereitungsraum ein Tablett mit Trinktütchen und Keksen zu stehen und Papier und Stifte ausgelegt zu werden, so sind die Kinder zum Vorspielen ausgeglichen- und motiviert . Dann heißt es am Ende: “Wann ist das nächste Vorspiel?“

Ist die Gruppenzusammensetzung so gut gelungen, dass die Kinder sich untereinander mögen, so können von Zeit zu Zeit Aktivitäten wie Töpfern, Malen oder Besichtigen einer Klavierfabrik eingeschoben und damit der Gruppengeist noch gefestigt werden. Die Aktivität kann mit einem Anlass verbunden sein wie z.B. ein besonders gut gelungenes Vorspiel oder sogar die Teilnahme der Gruppe an einem Wettbewerb, oder einfach als Abschluß vor den Ferien. Immer aber sollte es sich an eine gute Arbeitsphase anschließen. Dann wird diese Aktivität als Belohnung empfunden. Man kann sie auch in Aussicht stellen als Ansporn während einer Arbeitsphase ("wenn wir damit fertig sind..."). Auf jeden Fall bedeutet es für den Lehrer, dass er sein Verhältnis zu den Schülern intensiv und direkt gestaltet. Dies verschafft ihm dann bei anderer Gelegenheit, wenn er Leistung fordert, einen größeren pädagogischen Spielraum.

Unter den Instrumenten, die Kinder erlernen möchten, nimmt das Klavier eine auffällige Sonderstellung ein. Einerseits muss eine relativ hohe intellektuelle Veranlagung vorhanden sein, um etwa die Vielschichtigkeit eines mehrstimmigen schnellen Klavierwerkes bewusst steuern zu lernen. Und es ist ein weiter und zeitraubender Weg bis zu diesem Ziel. Andererseits ist die Tonerzeugung zunächst vordergründig vergleichsweise leichter als beispielsweise bei einem Glockenspiel, das kleinen Kindern oft als erstes Instrument in die Hand gegeben wird und bei dem sie zuerst lernen müssen, mit einem Werkzeug umzugehen. Erst wenn ein Kind es geschafft hat, mit dem Schlegel einen Klangstab halbwegs sauber zu treffen und zum Schwingen zu bringen, kann ihm der Ton zum Klangerlebnis werden. Dieser Weg ist besonders langwierig bei den ganz kleinen roten Glockenspielen, die vermutlich aus Kostengründen vielfach in den Früherziehungen immer noch verwendet werden. So manches Kind schafft es nicht, an diesen Instrumenten das Ziel zu erreichen. Die Folge ist dann, dass es den Unterricht mit diesem Instrument ablehnt. Es lernt, dass es nicht gern übt oder sogar, dass es sich für schlechter hält als die anderen Kinder der Gruppe, und dass es sich oder sein Interesse, den Unterricht in irgend einer Form fortzusetzen, zurücknimmt. Dieser erste leistungsmäßige Misserfolg darf einem Kindergarten- oder Vorschulkind vor der Einschulung auf gar keinen Fall zugemutet werden.

Von den gebrauchsfertigen Tönen geht eine selbstverständliche Faszination aus. Die Tasten müssen einfach angefasst und – wie auch immer – betätigt werden. Der klangliche Erfolg stellt sich augenblicklich ein.

Es gibt noch weitere Vorteile. Das Instrument braucht vor und nach dem Unterricht weder aus- noch eingepackt zu werden. Auch muss es nicht vor dem Üben oder Vorspielen gestimmt werden. Dadurch wird Unterrichtszeit gespart. Man kann nicht falsch intonieren. Es kann nicht kratzen, quietschen oder kieksen. Das Instrument muss beim Spielen nicht getragen werden. Das erleichtert in der Gruppenarbeit schnelle Szenenwechsel und Umgruppierungen während des Unterrichts.

Außerdem nehmen die Kinder nur die Noten mit in den Unterricht. Dies bedeutet, dass auch bei großen Gruppen keine zusätzliche Ablagefläche wie z.B. für Instrumentenkästen benötigt wird.

So bietet das Klavier einige spezifische Voraussetzungen, die für den Großgruppenunterricht besonders günstig sind.

5. Logistische Voraussetzungen

Da der Großgruppenunterricht neue, für den Klavierunterricht bisher weitgehend unübliche pädagogische Wege geht, sollten für seine Durchführung einige wichtige Vorbedingungen erfüllt sein.

Unterrichtsraum
Es wird je nach Gruppenstärke ein ausreichend großer Unterrichtsraum mit mehreren Instrumenten benötigt. Optimal sind vier Instrumente.

Man braucht so viele Instrumente, dass nicht mehr als zwei Kinder an einem Instrument sitzen müssen. Die besten Unterrichtsbedingungen sind gegeben, wenn jedes Kind in der Mitte vor einem Instrument sitzen kann. Erfahrungsgemäß halten solche Gruppen länger zusammen. Sie sind ruhiger und leichter zu steuern.

Die Schüler müssen erst lernen, mit dem größeren Abstand zueinander aufeinander zu hören. Deshalb ist es sinnvoll, sie in der Anfangsphase des Unterrichts trotzdem häufig und mit mehr Tuchfühlung untereinander für Übungen an ein oder zwei Instrumente zusammenzusetzen.

Die Instrumente sollen möglichst in einer Reihe stehen. Dies ist nicht nur für den Kontakt der Kinder untereinander günstig , sondern es gibt auch dem Lehrer die Möglichkeit, alle Kinder gleichzeitig von der Seite zu beobachten. Wenn es sich einrichten lässt, ist es sinnvoll, mechanische Klaviere zur Verfügung zu stellen. Ist es aus Kostengründen unvermeidbar, E-Pianos dazwischen einzusetzen, sollte darauf geachtet werden, dass die Kinder sich an diesen Instrumenten abwechseln. Es empfiehlt sich auch, E-Pianos nicht nur als Klaviersatz zu sehen, sondern ihre besonderen Möglichkeiten gezielt zu nutzen. Der klangliche Kontrast eines anderen Registers kann für alle das Durchhören des Gruppensatzes erheblich erleichtern. Besitzt das E-Piano einen Speicher, lassen sich damit Improvisations- und kleine Kompositionsübungen der Kinder attraktiv gestalten.

Anschlagskultur kann man nur am Klavier lernen. Daher ist es unabdingbar, dass die Kinder zu Hause im Verlauf der Woche die Möglichkeit haben, auf einem mechanischen Instrument zu üben. Anschlagsprobleme nach einem Anfang auf einem E-Piano können sehr schwer zu korrigieren sein. Ein gemischtes Instrumentarium einmal wöchentlich im Unterricht ist vertretbar, wenn, wie oben beschrieben, gewechselt wird und anschlagbezogene Aufgaben für alle Kinder am mechanischen Instrument stattfinden.

Die Notenleisten der Instrumente müssen so breit sein, dass mindestens zwei, in Ausnahmefällen auch einmal drei Kinder ihre Hefte darauf stellen können, ohne dass diese ständig Gefahr laufen, herunterzufallen. Es lohnt sich auf jeden Fall, die normalerweise schmalen Notenleisten eines Klaviers durch entsprechend breitere (es gibt sie!) durch den Klavierstimmer austauschen zu lassen.

Zusätzliche Stellmöglichkeiten für Tisch und Stühle sollten vorhanden sein. Steht viel Platz zur Verfügung, leistet ein Stuhlkreis, besonders bei sehr jungen Schülern, gute Dienste. Viele Übungen lassen sich ohne Instrument gemeinsam vorbereiten, ohne dass es zu einer akustischen Überbelastung kommen kann. Der Unterichtsablauf wird dadurch konzentrierter und ruhiger. Gibt es im Raum einen Teppich oder Teppichboden, ist bei kleinen Kindern ein Sitz- oder Kniekreis auf dem Boden ähnlich günstig zu nutzen. Wenn für solche kurze Unterbrechungen der instrumentalen Arbeit nichts umgebaut werden muss, wird unnötige Unruhe und der Verlust von Unterrichtszeit vermieden.

Besonders für jüngere Schüler ist freibleibender Platz für Übungen im Raum erforderlich. Je jünger die Schüler, desto mehr Platz wird benötigt.

Eine Tafel kann zusätzlich hilfreich sein. Sie sollte so positioniert werden, dass sie problemlos von einem der Unterrichtsorte im Raum von allen Schülern einsehbar ist. Der Lehrer erleichtert sich außerdem die Arbeit, wenn die Kreide normalerweise unter Verschluss bleibt.

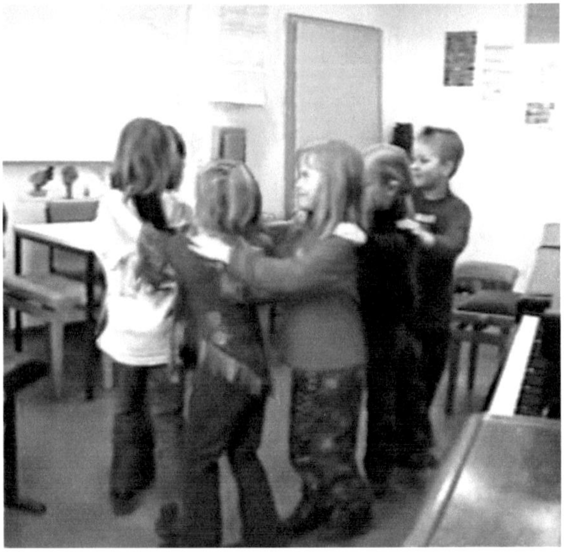

„Der siebenköpfige Klavierwurm", Projektwoche 2000

Unterrichtszeit
Es sollte eine Unterrichtszeit gefunden werden, in der Nachbarräume z.T. mitbenutzt werden können. Sonderaufgaben für Einzelne oder auch für kleine Gruppen zwischendurch steigern Konzentration und Gruppengeist.

Gibt man der Gruppe eine Aufgabe, z.B. eine bestimmte vorgearbeitete Übung mit einer festgelegten Anzahl von Durchgängen durchzuführen, dann kann der Lehrer mit einem einzelnen Schüler in den Nachbarraum gehen, um mit ihm eine Übung auszuführen, die, innerhalb des Gruppenverbandes bewältigt, Leerlauf für die übrigen Schüler bedeuten würde.

Es ist zu wünschen, dass parallele Gruppen eines Jahrgangs am gleichen Nachmittag und wenn möglich aufeinanderfolgend unterrichtet werden. Dann sind Stundenplanänderungen durch pädagogisch bedingte Umgruppierungen leichter umzusetzen. Auch wenn man die Gruppen im Vorfeld sehr sorgfältig zusammengestellt hat, wird es vorkommen, dass bei einzelnen Schülern Arbeitshaltung und Arbeitstempo variieren. So kann es notwendig werden, dass vorübergehend geteilt oder bei zwei parallel laufenden Gruppen umsortiert werden muss, damit das Arbeitstempo weder gebremst noch zu sehr angeschoben wird. Hilfreich ist dabei, wenn sich alle Kinder eines Gruppenjahrgangs gut kennen.

Solche Umstellungen dürfen nicht zu häufig stattfinden und sollten genau auf die Bedürfnisse der einzelnen Schüler abgestimmt sein.

Es hat sich auch stets positiv ausgewirkt, wenn die Gruppe ab und zu in kurze Einzelunterrichte aufgeteilt wurde.

Die Eltern werden die Vorteile solcher Aktionen sehen und deshalb die damit verbundenen Unregelmäßigkeiten der Unterrichtstermine akzeptieren. Bei der üblichen Vollbeschäftigung vieler Schulkinder am Nachmittag ist es nicht selbstverständlich, dass alle Eltern sofort bereit sind, für ihre Kinder keine weiteren Termine auf den Klaviergruppennachmittag zu legen. Die Erfahrung hat jedoch gezeigt, dass sich immer ein brauchbarer Mittelweg finden lässt. Hilfreich war es, wenn der Freitag als Unterrichtstag gewählt werden konnte, weil er ohnehin wegen der Nähe des Wochenendes in den meisten Familien nicht mit Terminen überfrachtet ist.

6. Neue Unterrichtsformen

Es handelt sich hierbei um eine Zusammenstellung von Großgruppen-Unterrichtsformen für alle Altersstufen einer Musikschule. Die wichtigsten Formen werden im Anschluss an diese Aufstellung näher erklärt und mit Durchführungsvorschlägen versehen. Die Liste lässt sich nach den individuellen Bedürfnissen der jeweiligen Musikschule erweitern.

Die bereits erprobten Arten von Großgruppenunterricht sind mit einem Stern (*) versehen. Die Angaben über Schülerzahlen und Dauer des Unterrichts entstammen der Praxis.

Musikschule – Unterstufe

Schnupperkurse (ca. 4-12 Schüler) von unterschiedlicher Dauer (2-10 Termine)*
- für Musikschul-Neueinsteiger *
- für Schüler aus musikschulinternen Elementarkursen *

Basisgruppen
- als Anfänger-Hauptunterricht (4-6 Schüler, 1-4 Jahre)*
- als aktive Warteliste

Anfängerunterricht durch Früherziehungskollegen

Sonderformen von Anfängerunterricht
- Schüler mit langsamem Arbeitstempo
- Schüler mit schnellerem Arbeitstempo
- Anfängergruppen mit älteren Schülern
- Anfängergruppen gemeinsam mit je einemeinem Elternteil*

Musikschule – Mittelstufe

Fortgeführter Großgruppenunterricht aus der Unterstufe
(4 Schüler, evtl. neu sortiert)*

Chorisch erweitertes Zwei- und Vierhändigspiel (4-8 Schüler)*
Gruppenbildungen und Kurse mit einem thematischen Bezug wie:

- Technik,*
- Theorie,*
- Gehörbildung,*
- Improvisation,*
- Volksliedbegleitung,*
- Komponieren,*
- Blattspielen, usw.*

Klavierorchester (die mögliche Teilnehmerzahl hängt von der Anzahl der zur Verfügung stehenden Instrumente ab: ca. 2 Schüler pro Instrument)*

Einfachunterricht für schwächere Schüler oder bei Fleißmangel, (kann zum Dauerunterricht werden).*

Nebenfachunterricht als Dauerunterricht

Musikschule – Oberstufe

Fortsetzung bestehender Kurse aus der Mittelstufe

Trainingsunterricht mit spezieller Thematik z.B. als Ergänzung zum SVA-Unterricht wie:

- Kadenzen,*
- Generalbass, usw.

Unterricht mit Erwachsenen

Elterngruppen unterschiedlicher Art wie:

- Grundlagen für am Instrument unerfahrene Klaviereltern,
- Hilfen zur Unterrichtsbegleitung der eigenen Kinder, usw.
- Wiedereinstieg,

Arbeit mit Senioren

7. Anfängerunterricht

7.1 Zusammenstellen von Anfängergruppen

Im Anfängerunterricht hat man es überwiegend mit den jüngsten Instrumentalisten zu tun. Sie bilden ein wesentliches Fundament für leistungsfähigen Nachwuchs in einer Musikschule. Deshalb müssen Gruppen für den Anfängerunterricht mit besonderer Sorgfalt zusammengestellt werden. Je besser dies im Vorfeld geschieht, um so längere gemeinsame fruchtbare Arbeitsphasen kann man erwarten.

Viele der Kriterien, die für eine solche Arbeitsphase mit der Gruppe – positiv oder negativ – von Einfluss sein können, lassen sich vor dem Unterrichtsbeginn annähernd in Erfahrung bringen:

Allgemeine Voraussetzungen

- Lebensalter
- Reifegrad (Gruppenfähigkeit , soziales Verhalten)
- Lernbereitschaft und -fähigkeit

Musikalische Voraussetzungen

- vorangegegangener instrumentaler Unterricht
- Musikunterricht in der Schule
- familiäre Bedingungen (Hausmusik, musizierende Eltern oder Geschwister)
- Art der musikalischen Veranlagung (z.B. Gehör, rhythmisches Empfinden, körperliche, besonders manuelle Voraussetzungen)

Verhalten der Eltern
Leistungserwartungen (s.S. 75)
Unterrichtsbegleitung (s.S. 77)

Die Erwartungshaltung der Eltern sollte möglichst am ersten Elternabend angesprochen werden.

Ausführliche Information für zukünftige Gruppeneltern
Handelt es sich um Kinder, die neu in die Musikschule aufgenommen werden sollen, ist es sinnvoll, sie und zumindest einen Elternteil nicht nur in einem kurzen Anmeldegespräch im Sekretariat kennenzulernen. Besonders günstig ist es, wenn ein informativer Elternabend der Aktion vorangestellt wird, am besten gleich im Klaviergruppenraum.

Für die meisten Eltern ist Großgruppenunterricht am Klavier zunächst etwas völlig Neues, weil der instrumentale Einzelunterricht oder Anfangs-Partnerunterricht am Klavier bisher weitgehend die Regel war. Ihnen muss deshalb gezeigt werden, was auf ihre Kinder und auch auf sie selbst zukommt. Um diese Transparenz zu ermöglichen, müssen sie Fragen stellen dürfen. Dadurch erhält auch der Lehrer eine erste Möglichkeit, sich ein Bild von den individuellen Voraussetzungen seiner zukünftigen Schüler zu machen.

Ist es nicht die erste Klaviergruppe, die in der Musikschule zusammengestellt wird, bietet es sich an, eine Schülergruppe vorzustellen, wobei es nicht wichtig ist, in welcher Form das geschieht. Es könnte ein kleines Vorspiel am Anfang stehen. Besteht die Möglichkeit, zwei unterschiedliche Gruppen vorzuführen, etwa eine Anfängergruppe vom Vorjahr und eine Gruppe von älteren Schülern, die gemeinsam schon ein volleres Klangerlebnis vermitteln können, dann entfallen Vorbehalte der Eltern oft von selbst, und viele Fragen sind bereits beantwortet.

Auch eine kurze Unterrichtseinheit kann vorgeführt werden. Dazu gehört etwas Mut, aber man kann davon ausgehen, dass sich die Eltern, auf deren positive Begleitung des Unterrichts Wert gelegt werden sollte, auf diese Weise noch mehr von der Gruppenarbeit überzeugen lassen.

Es wäre natürlich auch denkbar, dass ein speziell dafür zusammengestelltes Videoband als Einstieg genutzt wird. Dazu müssen sich die Gruppen daran gewöhnt haben, dass ab und zu eine Videokamera für ein Protokollband in einer Ecke des Unterrichtsraums stehen darf, ohne sich davon ablenken zu lassen. Eine Kontrollaufnahme von Zeit zu Zeit ist auch für den Lehrer nützlich.

Schnupperkurse für Musikschul-Neueinsteiger

Neben der Voreinstimmung der Eltern ist es unerlässlich, für Schüler, die der Musikschule noch unbekannt sind, einen Schnupperkurs dem eigentlichen Unterricht voranzustellen. Auch wenn die Kinder sich bereits für das Klavier entschieden haben, ist es für die Einteilung wichtig, die Gruppe vorher gut kennenzulernen. Im Schnupperkurs wird eine solche Vorprüfung von den Kindern nicht bemerkt. Sie kann spielerisch stattfinden, so dass die Unterrichtsatmosphäre entspannt bleibt.

Schnupperkurse können von unterschiedlicher Dauer sein. Sie müssen lang genug sein, um die Kinder richtig einschätzen zu können. Sie dürfen aber auch nicht so lang sein, dass die Kinder sich an eine Art Unterricht voller Unverbindlichkeiten gewöhnen, was wiederum den Start des eigentlichen Gruppenunterrichts erschweren kann.

Die Kinder wachsen heute mit einer Fülle von Nachmittagsangeboten auf, die nicht zur häuslichen Nacharbeit verpflichten. Es ist zu vermeiden, dass der Instrumentalunterricht auf die gleiche Ebene gezogen wird. Es ist natürlich grundsätzlich auch möglich, einen Musizierwunsch zu erfüllen mit einem Unterricht, bei dem wenig oder fast keine Hausaufgaben gestellt werden. Dies kann z.B. eine Zeit lang als Ausweg bei Arbeitskrisen etwa während der Pubertät (s.S. 43), gewählt werden. Aber es ist auf jeden Fall sinnvoller, bei einem jungen Instrumentalschüler zunächst den Willen zur aktiven Mit- und Nacharbeit zu wecken. Diese Absicht des Lehrers sollte von den Schülern neben dem Kennenlernen des Instruments bereits in einem Schnupperkurs möglichst deutlich gefühlt werden. Dazu sind einfache Hausaufgaben hilfreich. Auch wird auf diese Weise der Grad der vorhandenen Arbeitsbereitschaft der Kinder sichtbar.

Ein Schnupperkurs sollte also nicht nur an einem Termin stattfinden. Zwei bis drei Termine sind praktikabel. Wird ein längerer Kurs verabredet, haben die Kinder ein Klavier zum Üben, stimmt die Gruppengröße und haben die Kinder eine vergleichbare Ausgangsveranlagung, dann kann man den Schnupperkurs unter Umständen nahtlos in den Gruppenunterricht übergehen lassen.

Ein Altersunterschied von ein bis zwei Jahren lässt sich erfahrungsgemäß auffangen, wenn die Veranlagungen der Kinder sich entsprechen. Schwieriger wird es nur, wenn eins der Kinder deutlich älter oder jünger ist. Mit Schwierigkeiten ist zu rechnen, wenn es sich z.B. um ein Kind handelt, das noch nicht zur Schule geht und dem die Schulreife noch fehlt.

Gibt es so viele Anmeldungen zum Schnuppern, dass mehrere Kurse entstehen können, sollte man die Kinder dahingehend sortieren, ob sie zu Hause oder im Umfeld während des Kurses Zugang zu einem Tasteninstrument haben. Es ist zunächst unerheblich, ob es sich dabei um ein Klavier, E-Piano oder Keyboard handelt. Für den anschließenden Klavierunterricht sollte man nur Kinder zulassen, die die Möglichkeit haben, ihre Hausaufgaben auf einem mechanischen Klavier zu üben.

In einer Schnuppergruppe ohne Tastenzugang kann man Hausaufgaben auf einer gemalten Tastatur (in Originalgröße) stellen. Es könnte dann dazu gesungen werden. Auch bei dieser Variante werden die Kinder erste Erfahrungen sammeln, z.B. dass Üben hilft. Und der Lehrer wird auch bei diesen Kindern die motorische Veranlagung einschätzen können.

Schnupperkurse für Schüler aus musikschulinternen Elementarkursen

Bei der Zusammenstellung eines Anfängerkurses aus Kindern, die in der Musikschule bereits einen Kurs wie Musikalische Früherziehung oder Rhythmisch-Musikalische Erziehung besucht haben, hat man auf den ersten Blick Vorteile. Es gibt eine Anzahl von Voraussetzungen, die sich günstig auf die Gruppenbildung auswirken. Die Kinder kennen sich, wenn sie aus derselben Gruppe kommen. Sie haben etwa das gleiche Alter, die gleiche musikalische Vorbildung und sind der Musikschule bekannt, d.h. es kann eine fachliche Beurteilung der Kollegin eingeholt werden, an deren Unterricht die Kinder bisher teilgenommen haben. Sie hatten die gleiche Terminplanung bzw. Fahrgemeinschaften. Diese Vorteile gilt es zu nutzen, auch wenn sie teilweise nur vordergründig im organisatorischen Bereich liegen.

Der Anlass, auf diese Weise eine Kindergruppe zusammenzustellen, ergab sich durch die Arbeit mit Studenten, die eine Ausbildung für Großgruppenunterricht am Klavier als Zusatzausbildung zur Klaviermethodik erhielten und in diesem Zusammenhang auch einen Einblick in die Arbeit mit Anfängern gewinnen sollten. Es war die Notwendigkeit gegeben, Kindergruppen nur für eine begrenzte Zeit zusammenzustellen. Was lag da näher, als Schnupperkurse als Zusatzangebot in den letzten Teil eines Elementarkurses zu legen, in dem Instrumentenkunde ein regulärer Lerninhalt ist?

Wenn es in einer Musikschule notwendig wird, für das Fach Klavier zu werben, dann ist das Klavierschnuppern in der Gruppe im letzten Früherziehungs- oder Rhythmik-Halbjahr dafür ein sehr effektiver Weg. Es steht nach Ablauf des Elementarkurses ohnehin eine Entscheidung darüber an, wie der weitere musikalische Weg der Kinder aussehen soll.

Entscheidet sich eine Musikschule dafür, den Klavier-Anfangsunterricht als Großgruppenunterricht zu erteilen, dann sollte man ihn nicht nur für diejenigen Schüler anbieten, die schon weitgehend entschlossen sind, das Klavier als Dauerinstrument zu wählen, sondern gerade für Schüler, die sich noch nicht entscheiden konnten oder die für ihr Wahlinstrument körperlich noch zu klein sind. Haben sie dann die für ihr Wahlinstrument erforderliche Größe erreicht, können sie Grundwissen vom Klavier im Unterricht ihres neuen Instrumentes nutzen. Sie werden dann dort am Anfang schneller vorankommen.

Der für einen auslaufenden Elementarkurs maßgeschneiderte Schnupperkurs läuft in drei Arbeitsabschnitten ab:

1) Der Klavierlehrer hospitiert zunächst in einer auslaufenden Gruppe eines Elementarkurses. Nach Absprache mit der Fachlehrerin übernimmt er zur ersten Kontakaufnahme einen kurzen Teil des Unterrichts

(z.B. 5-10 Minuten). Der thematische Bezug zur laufenden Unterrichtsstunde muss abgesprochen sein. Es könnte beispielsweise ein Element daraus als Gruppenspiel auf das Klavier übertragen werden, falls ein Instrument im Raum vorhanden ist. Oder es wird ein Thema für die folgende Schnupperstunde im Klaviergruppenraum kurz vorbereitet.

2) Die gesamte Kindergruppe wird zusammen mit ihrer Lehrerin zu einer Schnupperstunde in den Klaviergruppenraum eingeladen. Während dieses zweiten Teils ist eine verhältnismäßig große Kindergruppe zu unterrichten. Man will die Kinder besser kennen lernen, um sie gegebenenfalls später sinnvoll einteilen zu können. Deshalb hat es sich bei solch einer Gruppengröße mit jungen Kindern bewährt, eine Protokollkamera unauffällig aufzustellen. Die Kinder nehmen kaum Notiz davon. Sie werden viel zu sehr vom Unterrichtsgeschehen mit den zahlreichen neuen Eindrücken gefangen genommen. Wichtig ist nur, dass der unterrichtende Lehrer seinerseits das Gerät auch nicht beachtet. Ist es zu ermöglichen, dass ein Fachkollege anwesend sein kann, um Protokoll zu schreiben, hat man natürlich eine zusätzliche Diskussionsmöglichkeit bei der späteren Gruppenbildung.

Diese sorgfältige Vorgehensweise im Vorfeld ist sinnvoll, denn sie lässt die Wahrscheinlichkeit steigen, dass auf diese Weise zusammengestellte Gruppen nach einer positiven Entscheidung der Kinder für das Klavier besonders gut harmonieren und dann auch nicht selten in der Folge über einen relativ langen Zeitraum zusammen unterrichtet werden können.

Wenn diese Schnupperstunde mit einer Gruppe von etwa 12 Kindern erfolgreich verlaufen soll, müssen am Stundenanfang Spielregeln verabredet werden, um zu verhindern, mit den Kindern und mehreren Klavieren im Chaos zu versinken. Hilfreich ist es außerdem, zusätzlich zwischendurch bekannte Rituale aus dem Elementarkurs wie Stuhlkreis, Handkreis oder Tischarbeit zu nutzen.

Inhaltlich sollte man wieder an den aktuellen Unterrichtsstoff, d.h. an das gerade im Elementarunterricht Gelernte anknüpfen, beispielsweise einen in der vorangegangenen Stunde erlernten Rhythmus auf die Zwillinge und Drillinge übertragen. Aus ganz einfachen Elementen lassen sich fesselnde Gruppenspiele herstellen. Es kann dabei wie im Turnverein immer der Reihe nach, im Kreis oder mit geteilter Gruppe als Wettspiel ablaufen. Der Phantasie sind keine Grenzen gesetzt. Die kleinen musikalischen Elemente dürfen keinem der Kinder bei ihrer Ausführung wirkliche Schwierigkeiten bereiten. Umso mehr darf der Spielablauf Konzentration erfordern.

Will man die Kinder ein erlerntes Glockenspiellied auf dem Klavier wiederfinden lassen, so ist fast die ganze Trickkiste pädagogischer Hilfsmittel erlaubt wie z.B. bunte Klebepunkte auf Tasten, Händen oder Fingern, mit und ohne Zahlen. Man kann Notennamen verwenden, soweit sie den Kindern geläufig sind, oder Kärtchen zwischen die Tasten stecken, um einen Zielton zu markieren, etc. Es ist allerdings abzulehnen, einzelnen Tönen bestimmte Farben zuzuweisen, außer bei manchen sehr jungen Klavierschülern, die sich weit vor der Schulreife befinden und eigene Farbvorstellungen für die einzelnen Töne haben.

Bei leistungsstarken Elementarkurskindern kann schon in einer solchen Schnupperstunde erreicht werden, dass eine einfache Begleitung zum gesungenen oder gespielten Lied entsteht. Solch ein erstes Erfolgserlebnis erleichtert den Kindern die Entscheidung, ob sie das Klavier näher kennen lernen möchten.

Improvisationen auf den schwarzen Tasten werden immer mit Begeisterung angenommen. Über einem "Teppich", den der Lehrer vorgibt, können die Kinder zunächst alle gleichzeitig oder danach auch einzeln spielen. In umgekehrter Reihenfolge – d.h. erst einzeln dann gemeinsam – riskiert man, dass sich einzelne Kinder nicht trauen. Haben aber alle zusammen in ausreichendem Maß gemeinsam Tastenkontakt gehabt, erübrigt sich dieses Problem. Und gerade wenn der Lehrer mit einem Schüler einzeln improvisiert, erfährt er am besten, wo der Schüler abzuholen ist und mit wem er zusammenpassen könnte. Sollen alle Schüler gleichzeitig improvisieren, muss allen ein guter Blickkontakt zum Lehrer möglich sein. Er kann dazu an einem der mittleren Instrumente Platz nehmen. Er selbst hat den besten Überblick gleichzeitig über alle Spieler, wenn er an einer der Seiten außen sitzt, am besten links, dann bleibt an seinem Instrument noch ein Spielplatz im Diskant für mindestens eins der Kinder frei, ohne dass dieses den Kontakt zur Gruppe verliert. Die Abstände der Klavierhocker zu den Instrumenten müssen so gewählt werden, dass sich die Kinder nicht gegenseitig die Sicht zum Lehrer versperren.

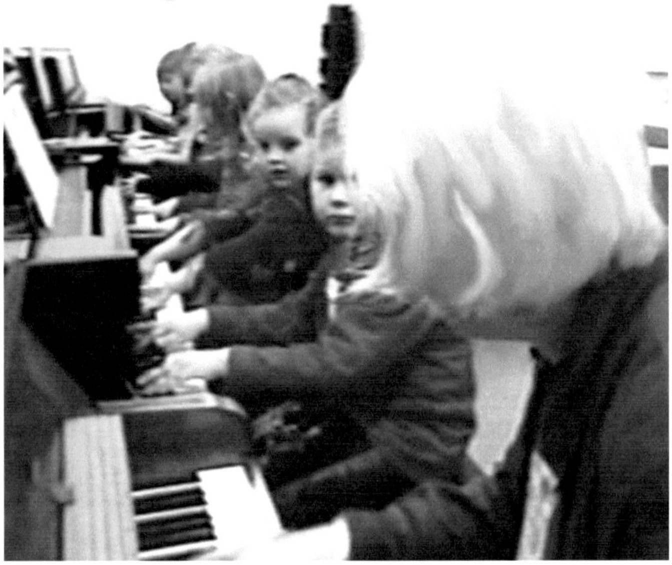

Improvisation mit klavierunerfahrenen Schulanfängern während einer Musikschul-Projektwoche 2000

3) Den Eltern der Gruppe wird angeboten, dass eine festzulegende Anzahl von Schülern (etwa 4-6) über einen Zeitraum von 4-5 Wochen probeweise Gruppenunterricht am Klavier erhalten kann. Melden sich viele Schüler, im Extremfall die ganze Gruppe von beispielsweise 12 Kindern, dann sollte geteilt werden. Es ist sinnvoll, für die Dauer des Kurses die Kinder in solche mit und ohne Tastenzugang einzuteilen, um die Unterrichtsplanung darauf abstimmen zu können.

Wichtig ist, dass die Lerninhalte bei mehreren Gruppen aus dem selben Elementarkurs gleich bleiben, weil dieser zu diesem Zeitpunkt noch nicht abgeschlossen ist und die Kinder auch dort noch gemeinsam lernen sollen. Aus dem gleichen

Grund darf im Schnupperkurs ohne Absprache mit der Elementarkursleiterin nichts vorweggenommen werden, was erst zu einem späteren Zeitpunkt im Lehrplan vorgesehen ist.

Bis zum Beginn dieses dritten Arbeitsabschnitts hat man die Kinder bereits zweimal ausführlich beobachten können. So wird es meistens möglich sein, in den kleineren Gruppen mit den Kindern etwas intensiver zu arbeiten. Dazu ist ein regelmäßiger Besuch der Unterrichtsstunden von allen Schülern unerlässlich. Es hat sich als ungünstig erwiesen, wenn dieser Schnupperkurs, bei dem es sich eigentlich schon um probeweisen Unterricht handelt, zu unverbindlich angeboten wird. Die Termine werden dann nicht immer von allen Eltern ernst genommen. Es ist aber notwendig, um den Kindern eine spätere Entscheidung für das Instrument zu ermöglichen, dass sie sich bis zum Ablauf der festgelegten Unterrichte gemeinsam ein Erfolgserlebnis erarbeiten können. Ein von den Eltern unterzeichnetes Anmeldeformular oder eine angemessene Schutzgebühr können da Abhilfe schaffen.

Die Lerninhalte werden zunächst ähnlich denen im zweiten Abschnitt ausfallen, nur dass in der nun kleineren Gruppe mit Maßen gelernt, trainiert, geübt werden darf. Kleine Hausaufgaben sollten verabredet werden. Um solche Regelmäßigkeiten besser unterstreichen zu können, und auch damit die Kinder möglichst viel von dem Klaviergruppenalltag vorfühlen können, werden Hefte gebraucht, denn zur Arbeit mit einer Klaviergruppe gehört individuelles Arbeitsmaterial.

Die Früherziehungs-Kinder sind an Hefte und den Umgang damit gewöhnt. Werden nun im Schnupperkurs Hefte benötigt, sollte das den Kindern bekannte System benutzt werden ohne dass dafür für nur wenige Termine neue Hefte angeschafft werden müssen. Die Kinder befinden sich im letzten Halbjahr des Elementarkurses. Zu diesem Zeitpunkt sind in den aktuellen Früherziehungsnotenheften (DIN A4 quer) normalerweise im hinteren Teil des Heftes ausreichend viele Seiten frei, die für den Elementarkurs erfahrungsgemäß nicht mehr genutzt werden. Es reichen 5-6 Seiten, um das Arbeitsmaterial für den Klavierkurs nach und nach hineinzukleben. Lose Blätter in einer Mappe garantieren schon bei einer Gruppengröße von 4-6 Kindern ein Blätterchaos, das zu entwirren immer wieder mit Zeitverlust verbunden ist. In einem dynamischen Gruppenunterricht tauschen die Kinder die Plätze an den Instrumenten und wechseln zum Tisch und zurück. Da ist es sinnvoller, wenn alle Blätter fixiert sind. Außerdem wird durch das Einbeziehen des Elementarkursheftes wieder ein für die Kinder bekanntes Ritual genutzt.

Bei diesem Schnupperkurs mit Kindern aus einem Elementarkurs hat es zu Beginn keinen Elternabend gegeben. Der Schnupperkurs ist als ergänzender Teil zum Elementarkurs angeboten worden, ohne dass bereits dauerhafte Veränderungen für die einzelnen Kinder beschlossen werden sollten. Der Elternabend muss nach einer Entscheidungsfindung am Übergang zum weiterführenden Unterricht nachgeholt werden. Die Eltern sollen in gleicher Weise über das, was sie und ihre Kinder im Großgruppenunterricht am Klavier zu erwarten haben, aufgeklärt werden, wie die Eltern der "Schnupperkinder", die neu in die Musikschule gekommen sind. Die Eltern der Elementarkurskinder haben während des Schnupperkurses ihrer Kinder schon Erfahrungen mit der Materie sammeln können. Das erleichtert die Information erheblich.

7.2 Basisgruppen

Im Anschluss an die Schnupperkurse sind Basisgruppen die eigentlichen Anfängergruppen der Musikschule. In ihnen sollen die gleichen Grundlagen am Instrument vermittelt werden wie bisher im Einzelunterricht. Ist die Zusammensetzung der Gruppe gut gelungen, oder ist durch geschicktes zwischenzeitliches Umgruppieren dieser Zustand nachträglich erreicht worden, können solche Kurse länger bestehen. Es entsteht zuweilen eine Stimmung wie in einer Art Klavierfamilie, die auch noch andauert, wenn die Gruppe irgendwann auseinander geht. Es sollte im Interesse des Lehrers sein, dieses Gefühl der Zusammengehörigkeit weiter zu erhalten, z.B. durch andere gemeinsame musikalische Aktivitäten. Es ist für die Schüler sehr motivierend, dazuzugehören.

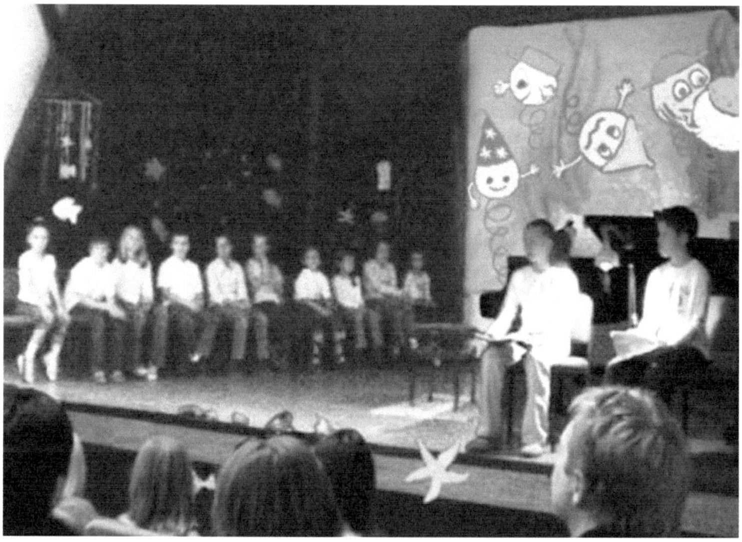

Aufführung einer Klaviergeschichte 2005

Für den Lerninhalt einer Basisgruppe bietet sich ein weites Feld von Möglichkeiten zur Auswahl. Jeder Klavierkollege wird eine Vorliebe für die eine oder andere Klavierschule haben. Er kann sie ohne weiteres als Ausgangsmaterial für den Gruppenunterricht verwenden. Sie bietet ihm einen sicheren Angelpunkt, einen Kanon bewährter Lernschritte, wie er es vielfältig erfahren hat. Nur wird es langweilig, wenn die Kinder im Unterricht immer nur nacheinander oder gleichzeitig diese Stücke spielen sollen, die eigentlich nur für einen einzelnen Schüler gedacht sind. Selbstverständlich muss in der Gruppe auch synchron zu spielen geübt werden. Es ist ein wesentliches pädagogisches Anliegen im Gruppenunterricht, auf diese Weise die Fähigkeit zum Hinhören der einzelnen Spieler zu stärken.

Die Leistungsfähigkeit der Schüler wird immer unterschiedlich sein, auch wenn die Gruppenzusammenstellung sorgfältig erfolgt ist. Um keinen der Schüler warten zu lassen, bis der Letzte die betreffende Übung verstanden hat, benötigt man für viele der liebgewordenen Übungen Bearbeitungen und Sätze, bzw.

Begleitsätze für die Gruppenarbeit, in welche die Übungen integriert werden können (s.S. 63).

Wenn der Lehrer so manchen Gruppensatz selbst herstellt, dann benötigen die Schüler Hefte, um bewährte Sätze darin zu sammeln. Es hängt vom Alter der Kinder und von den Instrumenten im Klaviergruppenraum ab, welche Art von Heften man anschaffen lässt. Sie müssen dem Bedarf im Unterricht gut angepasst sein. Im Großgruppenunterricht muss alles vermieden werden, was während des Unterrichts unnötig Unruhe oder Verzögerungen auslösen könnte. Für die Wahl der Hefte haben sich zwei Lösungen bewährt.

Für junge Kinder ist es praktisch, Früherziehungs-Notenhefte zu benutzen, möglichst im Querformat mit breiteren Notenlinien, wie sie die meisten jungen Klavieranfänger schon kennengelernt haben. Man hat die Wahl zwischen Heften mit zwei, vier oder sechs Notenzeilen pro Seite. Es sollte nicht schwierig sein, in der ersten Unterrichtszeit die kurzen Übungen und Stückchen auf Notenlinien zu schreiben, wie sie die Kinder vorher im Elementarkurs kennengelernt haben, und sie dann in ihre Hefte zu kleben. Es ist sinnvoll, die Spielstücke für die Gruppe so zu wählen, dass sie jeweils auf einer Heftseite Platz finden, damit der Platz auf den Notenleisten ausreicht, auch wenn mehr als ein Kind mit seinem Heft an einem Instrument sitzt. Es liegt dann auf der Hand, dass die Spielstücke bei allen Kindern auf der gleichen Heftseite platziert sein müssen, wenn man die Hefte versetzt auf die Leisten stellen will. Sehr hilfreich ist es natürlich, mit einem neueren Musikprogramm zu arbeiten, das die Notenlinien passend zum Stück und der Seite in die gewünschte Größe rechnet. Andernfalls ist es praktisch, einen kleinen Vorrat gezeichneter Notenlinienmuster zu sammeln, so wie man sie für die unterschiedlichen Stücke hergestellt hat, um Vorbereitungszeit zu sparen.

Stehen für den Unterricht ein oder gar mehrere Flügel zur Verfügung, sind Hefte im Querformat auch deshalb empfehlenswert, weil die noch kleinen Kinder bei dem weiter oben angebrachten Notenständer eines Flügels diese Hefte besser im Blickfeld haben als Hefte im Hochformat.

Bevorzugt der Lehrer einen Unterrichtsstil, bei dem er die Spieler ihre Plätze wechseln läßt, geht es leichter und auch schneller, wenn sie keine doppelseitigen

Hefte umstellen müssen. Eine Anzahl freier Seiten im Copy-Shop mit einer Metall-Spirale verbunden, die es ermöglicht, die Seiten ganz umzuklappen, schafft Abhilfe. Praktikabel sind 20-25 Seiten aus etwas dickerem, z.B. 120-er Kopierpapier, damit sie nicht so leicht ausreißen. Die Hefte lassen sich leichter blättern, wenn die Spirale wegen der dazwischengeklebten Seiten mit einigem Spielraum gewählt wird. Solange die Schüler noch keine zweiseitigen Stücke spielen, ergibt sich ein doppelter Vorteil: Weil man die Hefte einseitig aufstellen kann, lässt sich nach Bedarf zwischen Hoch- und Querformat wählen. Auch am Tisch ist es weniger eng, wenn mit solchen Heften gearbeitet wird.

7.3 Anfängerunterricht durch Früherziehungskolleginnen

Da die Mehrzahl der Klavierkollegen an Musikschulen keine Erfahrung im Umgang mit größeren Gruppen hat, wird ausreichend viel Zeit zum Einarbeiten benötigt. Ausgenommen sind Klavierlehrer, die im Erst- oder Aufbaustudium in irgend einer Form bereits mit Gruppen gearbeitet haben (Schulmusik, Chor- und Ensemblearbeit, Rhythmisch-Musikalische Erziehung, Musikalische Grundausbildung, etc.). Ihnen wird die Umstellung leicht fallen. Ist es nun an einer Musikschule unausweichlich, dass die Schülerquote sehr schnell auch im Fach Klavier angehoben werden muss, ist es sinnvoll, dass den Klavierkollegen ohne Gruppenerfahrung trotzdem eine Zeit der Einarbeitung mit nach und nach ansteigenden Gruppenstärken ermöglicht wird. Außerdem sollten sie zuerst Erfahrungen mit Gruppierungen im Musikschul-Mittelstufenbereich sammeln und den methodisch aufwendigeren Anfangsunterricht in der Großgruppe im ersten Unterrichtsjahr z.B. von einer Früherziehungskollegin mit Hauptfach Klavier erteilen lassen. Es wird sicherlich einzurichten sein, dass der nachfolgende Hauptfach-Klavierlehrer den Anfängerkurs mit der Früherziehungskollegin inhaltlich abspricht und dass er ihren Kurs in Abständen mit begleitet. Wenn die Kinder während dieses ersten Unterrichtsjahres von Zeit zu Zeit Kontakt mit ihrem nächsten Lehrer haben, wird auch der Wechsel der Bezugsperson einfacher, wenn er am Jahresende den Kurs übernimmt.

Eine noch optimalere Lösung ist denkbar, wenn man für interessierte Kinder und Eltern, die ein Klavier besitzen, eine Früherziehung mit dem Klavier statt mit dem Glockenspiel anbietet. Entscheiden sich die Kinder nach Ablauf dieser Früherziehung dafür, beim Klavier zu bleiben, haben sie den Vorteil, sich während ihrer sehr lernaktiven Vorschulzeit schon zwei Jahre lang allmählich an die Arbeit am Klavier gewöhnt zu haben. Besonders wenn der Übergang zur traditionellen Notenscherift am Klavier schon geschafft wurde, wird vermieden, dass ein instrumentaler Neuanfang und der Beginn der Grundschulzeit mit den heute üblichen langen Unterrichtszeiten zusammenfallen und so zur Doppelbelastung der Kinder führen.

7.4 Sonderformen von Anfängerunterricht

Schüler mit langsamem Arbeitstempo

Es gibt immer wieder Schüler, die ein langsameres Arbeitstempo benötigen, für die aber keine passenden Gruppenpartner zur Verfügung stehen. Wenn man für Projekte dieser Art gezielt nach Partnern sucht, ist es nicht wichtig, ob diese das gleiche Alter haben. Für die etwas bedächtiger arbeitenden Schüler findet man wahrscheinlich in einem nachfolgenden Jahrgang oder im Geschwisterkreis Mitspieler. Man könnte auch einen Elternteil daran beteiligen. Wichtig ist nur, dass die Gruppe so veranlagt ist, dass eine ruhige Arbeit möglich und Spielstress vermieden wird.

Schüler mit schnellerem Arbeitstempo

Auch für Schüler mit einer reichen Veranlagung und großem Arbeitseifer sollte versucht werden, eine Gruppenanbindung zu finden, auch wenn es vielleicht nur für eine begrenzte Zeit sinnvoll ist. Man muss möglicherweise eine Kombination mit etwas älteren Schülern suchen. Wenn der Leistungsstand der Jüngeren für die gewählte Gruppierung ausreicht und der Lehrer sich mit seiner Wertung neutral verhält, ist nicht mit Problemen wegen des Altersunterschieds zu rechnen.

Bei solchen Schülern kann es auch sinnvoll sein, einen ausreichend bemessenen Einzelunterricht schon in der Unterstufe anzubieten und durch begleitende Gruppenprojekte zu ergänzen.

Auch sehr junge talentierte Schüler vor der Schulreife brauchen einen anderen Weg. Sie benötigen meist von Anfang an ausführlichen Einzelunterricht. Trotzdem muss man auch bei ihnen auf die Vorteile des Gruppenunterrichts nicht ganz verzichten. Erste Erfahrungen lassen sich am Stundenübergang sammeln (s.S. 51). Später, wenn die Kinder gruppenfähig werden, kann man sie nach und nach in zusätzliche Gruppenprojekte einbinden.

Anfängergruppen mit älteren Schülern

Es ist grundsätzlich auch möglich, den Unterricht mit älteren Schülern in der Gruppe zu beginnen. Je älter die Schüler sind, umso seltener wird man dem Unterrichtsbeginn einen Schnupperkurs voranstellen.

Trotzdem sollte man nur Gruppen zusammenstellen, in denen die Schüler wirklich zusammenpassen. Ältere Schüler sehen sich meist selbst kritischer als jüngere und sind deshalb leichter zu entmutigen, wenn die Gruppe nicht harmoniert. Entweder sie kommen aus der Musikschule selbst, z.B. bei einem Wechsel des Instruments. Dann sind sie bekannt, und es steht zu erwarten, dass mit dem abgebenden Lehrer der Wechsel gründlich besprochen wurde. Oder sie kommen neu in die Musikschule. Dann sollte man sie zunächst einzeln unterrichten, bevor man gemeinsam eine Entscheidung für die Arbeit in einer Gruppe treffen kann.

Anfängergruppen gemeinsam mit je einem Elternteil

Handelt es sich um eine günstige Schülerzusammenstellung, und wird von den dazugehörenden Elternteilen der Wunsch geäußert, auch einen Einblick ins Klavierspiel zu bekommen, kann man sie am Unterricht ihrer Kinder teilnehmen lassen. Es entstehen Vorteile für alle Beteiligten. Einige Grundregeln sind Voraussetzung:

- Die Kinder müssen einverstanden sein, d.h. ihr Verhalten im Unterricht darf sich durch die Anwesenheit ihrer Mütter bzw. Väter nicht negativ verändern. Die meisten Kinder im ersten Grundschulalter tolerieren diese Gemeinsamkeit problemlos.
- Es darf keine Konkurrenz, d.h. ein leistungsmäßiger Wettlauf zwischen Eltern und Kind entstehen, der das Kind entmutigen könnte.

Deshalb sollten die Aufgaben für beide oft differieren. Die Mütter bzw. Väter können leichte Begleit- oder andere Hilfsfunktionen übernehmen.

- Bei den meisten Eltern-Kind-Paaren haben die Elternteile einen logistischen, die Kinder einen manuellen Vorteil. Spürt ein Kind auf „seinem" Instrument den Vorteil der Mutter oder des Vaters, kann es gerade während der ersten Unterrichtsphase leicht zu Entmutigung führen. So sollten die Eltern besonders in der Anfangsunterrichtszeit im Beisein ihres Kindes auf keinen Fall seine Stücke und auch sonst nur zurückhaltend üben. Erfahrungsgemäß überholen die Kinder ihre Mütter bzw. Väter sehr bald. Dann ist gegen ein Üben im Beisein des Kindes nichts mehr einzuwenden.
- Der Lehrer darf sich zu keiner Zeit von einem oder mehreren der Elternteile die Führung im Unterricht abnehmen lassen.

Vorteile dieser Unterrichtsform:

- Die Mütter (Väter) bekommen soviel Einblick in die Unterrichtsstrukturen, dass sie ihren Kindern zu Hause helfen können. Das Klavierspiel zu erlernen wird mehr zur Familienangelegenheit und ist dort präsenter, als wenn ein Schüler immer ganz allein üben muss.
- Probleme der Schüler kommen schneller beim Lehrer an. Er kann dann früher und gezielter reagieren. Es macht Sinn, wenn während des Unterrichtes nicht immer nur die Eltern mit ihren eigenen Kindern Paare bilden. Die Gruppe wird homogener, wenn die Partnerschaften flexibel bleiben und wiederholt gewechselt werden. Hat ein Schüler doch einmal Probleme, sich von der eigenen Mutter (Vater) helfen zu lassen, kann man nach Bedarf die Eltern tauschen. Je nach Lerninhalt können während des Unterrichts auch reine Schüler- oder reine Elterngruppierungen sinnvoll sein.

Mit etwas Glück entsteht auf diese Weise nach und nach eine Art Klavierlabor, in dem evtl. für Jahre erfolgreich gearbeitet werden kann.

8. Großgruppenunterricht in der Mittel- und Oberstufe

8.1 Gruppenprojekte

Es handelt sich bei Gruppenprojekten um Großgruppeunterricht, in dem ein spezieller Unterrichtsinhalt für eine jeweils festzulegende Zeit als Hauptunterricht oder zum weiterlaufenden Dauerunterricht zusätzlich gearbeitet wird. Sie gehören vorwiegend in die Musikschul-Mittel- und Oberstufe. Während der Unterstufe wird es nur wenige zusätzliche Gruppenprojekte geben, weil dort die meisten Schüler bereits im Anfänger-Gruppenunterricht eingebunden sind. Ausnahmen bilden jene Schüler, die bereits in den Einzelunterricht übernommen worden sind, weil sie im Anfänger-Gruppenunterricht der Unterstufe nicht ihre optimale Förderung gefunden hätten.

In Gruppenprojekten der Mittel- und Oberstufe wird es sich in der Regel um Themen handeln, die bei mehreren Schülern (auch klassenübergreifend) gleichzeitig aktuell werden. Dies können Technik oder musiktheoretische Themen sein, um nur zwei Beispiele zu nennen.Unterrichtszeit lässt sich sparen, wenn diese Themen in der Gruppe behandelt werden. Kann die Musikschule dafür aus finanziellen Gründen kein Angebot für Ergänzungsunterricht machen, kann trotzdem folgendermaßen verfahren werden: Wenn z.B. sechs Schüler aus ihrem Einzelunterricht je 10 Minuten mit in den Gruppenunterricht bringen, so hat man in einer Stunde ausreichend Zeit, das anstehende Thema ausführlich zu behandeln. Ist der reguläre Einzelunterricht zu kurz, um regelmäßig 10 Minuten davon abzuziehen, so wird man mit 5 Minuten je Schüler auskommen müssen. Es ergibt sich dann die Möglichkeit des einstündigen 14-tägigen Ergänzungsunterrichts. Bei zwei gleich großen Gruppen, die gleichzeitig ein ergänzendes Thema neben dem Einzelunterricht aufzuarbeiten haben, kann man nach dem gleichen Schema verfahren und die beiden Gruppen wochenweise abwechselnd unterrichten. Bei dieser Version bleibt der Stundenplan konstant.

Die Größe der Gruppe hängt im Einzelfall vom Unterrichtsinhalt ab und davon, wie viele Schüler der Lehrer gleichzeitig betreuen kann. Ein Kurs, in dem sich die Schüler vorwiegend aktiv am Instrument betätigen sollen, darf natürlich nicht größer sein, als Spielplätze an den Instrumenten vorhanden sind. Müssen die Spieler sich abwechseln, verliert man Zeit. Bei einem Technikkurs ist es dann sinnvoller, den Kurs zu teilen, auch wenn er dadurch kürzer würde. Die Erfahrung hat gezeigt, dass Schüler zufriedener sind, wenn sie während der Dauer des ganzen Unterrichts tätig waren. Hat der Lehrer für seine Schüler ein Thema gewählt, bei dem er selbst vorwiegend aktiv sein muss, wenn er z.B. etwas vorführen, referieren, abfragen oder erklären möchte, kann die Gruppe natürlich größer sein. Je größer die Gruppe werden kann, umso längere Unterrichtszeiten kann man zur Verfügung stellen.

Solche Gruppenprojekte können für eine beliebige Zeit neben dem Einzelunterricht als Ergänzungsunterricht für wenige Monate bis zu einem ganzen Musikschuljahr angeboten werden. Die Teilnehmerzahl wird sich erfahrungsgemäß je nach Bedarf und Thema etwa zwischen 4 und 12 bewegen.

Es kann auch sinnvoll werden, einen Kompaktkurs für ein oder mehrere Wochenenden anzubieten. Diese Form empfiehlt sich, wenn das Thema es erlaubt, dass die Unterrichte dicht aufeinander folgen können. Es sollte sich dabei um ein Thema handeln, das nicht viel Zeit zum Üben zwischen den Terminen erfordert, bei dem es dagegen wichtig ist, dass die Konzentration zwischen den Terminen nicht abreißt. Ein Beispiel: Es soll etwa für ein Musikschulereignis ein Programm erarbeitet werden, an dem alle Schüler des Kurses mit einer Komposition beteiligt sein möchten. Das Wochenende wäre prädestiniert für ein solches Projekt, weil die Gruppenmitglieder sich immer wieder zwischendurch einzeln auf die leeren Unterrichtsräume des Hauses verteilen können.

Ein Wochenendkurs erleichtert außerdem bei großen Gruppen die Terminplanung.

Besteht die Gruppe aus älteren Schülern oder Eltern, kann der Kurs auch in den Abendstunden stattfinden, wöchentlich oder dicht aufeinander folgend, je nach den Möglichkeiten des Raumbelegungsplans.

Die Schülerquote läßt sich mit solchen Gruppenprojekten nur anheben, wenn bei der Unterrichtsplanung Zeit eingespart wird, oder wenn der Unterricht zusätzlich abgerechnet wird.

8.2 Großgruppenunterricht als Dauerunterricht

Fortgeführter Großgruppenunterricht aus der Unterstufe

Es gibt in jedem Jahrgang Kinder, die die Gruppenarbeit dem Einzelunterricht vorziehen. Wird dieser Wunsch vom Lehrer aus pädagogischer Sicht unterstützt, so ist, bedarfsweise nach einer Umgruppierung, die Fortsetzung der Gruppenarbeit sinnvoll. Es kommt auch vor, dass eine ganze Gruppe nach Ablauf der Unterstufenzeit so gut harmoniert, dass die Arbeit in der Mittelstufe noch gemeinsam weitergehen kann.

Ein Ausweg bei Demotivation

Der Großgruppenunterricht bietet die Möglichkeit ein Problem zu lösen, das besonders in der Mittelstufe nicht gerade selten ist. Es gilt, den nachlassenden Arbeitseifer und die verminderte Motivation während der Entwicklungsjahre aufzufangen.

Erfahrungsgemäß gibt es in den unteren Altersstufen – etwa zeitlich parallel zur Grundschulzeit – relativ viele eifrige und arbeitswillige Schüler. Mit einsetzender Pubertät werden die Wünsche und Vorstellungen, die das Erlernen eines Instruments betreffen, in ihrer Wertigkeit z.T. völlig neu geordnet. Die Schüler stellen z.B. in Frage, ob sie wirklich so viel Zeit für das Üben investieren wollen. Sie rütteln an den Zielen und werden ganz allgemein arbeitsunlustiger. Was liegt da näher, als den für sie auf diese Weise mühsamen und unspektakulären Weg des Instrumentalunterrichts abzubrechen? Unspektakulär, weil bei fehlendem Arbeitseinsatz in der Regel keine befriedigenden Ergebnisse erzielt werden können. Der Unterricht in der Großgruppe kann hier helfen. Teilen sich z.B. die Schüler einer solchen Gruppe ein Musikstück, dann können sie mit weniger Aufwand gemeinsam Erfolg haben. Ist das bereits erworbene Grundwissen am Instrument ausreichend, kann man auch im Klavierorchester (s.S. 58 ff) mit weniger Arbeitsaufwand dabei sein und so eine entwicklungsbedingte Klippe sinnvoll überbrücken.

Einfachunterricht für schwächere Schüler
Der reduzierte Schwierigkeitsgrad ist für Schüler vorteilhaft, die Klavier spielen lernen wollen, weil sie vom Klang des Klaviers angezogen werden, für die aber dieses Ziel wegen der damit verbundenen hohen Anforderungen im intellektuellen und abstrakten Bereich sehr schwer erreichbar ist. Dazu ein Beispiel: Das Klavierspiel ist für ein Kind außerordentlich mühsam wenn es nicht imstande ist, zwei verschiedene Dinge gleichzeitig ohne größere Schwierigkeiten auszuführen. Auch schwach ausgeprägte Fähigkeiten des Gehörs, die eine stark geschwächte Kontrollmöglichkeit des Gespielten nach sich ziehen würden, können wegen der Vielschichtigkeit des Höranspruchs am Klavier erschwerend hinzukommen.

Nun wäre es auch sicherlich nicht sehr sinnvoll, ein Kind mit einem schwächeren Gehör für das Erlernen eines Streich- oder Blasinstrumentes zu begeistern, da dort die Höhe jedes einzelnen Tones kontrolliert werden muss. Benötigt man aber für ein solches Kind eigentlich ein Melodieinstrument, um es in seiner Abstraktionsfähigkeit nicht zu überfordern, dann bietet es sich an, das Klavier mit seinen „gebrauchsfertigen" Tönen zum Melodieinstrument zu machen und die einzelnen Stimmen auf die Gruppenkinder zu verteilen. Die Schüler könnten dann auf erreichbare Weise lernen, mit Gewinn einen Teil des Ganzen darzustellen.

Nebenfachunterricht
Der Klavierunterricht für Melodieinstrumentalisten, die mit dem Gedanken spielen, nach dem Schulabschluss ein Musikstudium aufzunehmen, darf nicht erst im Alter von 14-16 Jahren mit dem Eintritt in die SVA beginnen. Die Fähigkeiten auf dem Klavier als Nebenfachinstrument sollten schon beim Beginn des Studiums so weit entwickelt sein, dass dann z.B. für Generalbassübungen nicht unverhältnismäßig zeitaufwendig geübt werden muss. Solche Frustrationen, die nicht selten eine Abneigung gegen das Instrument hinterlassen, sind vermeidbar, wenn der Klavierunterricht in der Musikschule bei auffällig talen-

tierten Melodieinstrumentalschülern möglichst früh beginnt. Dies kann als Gruppenunterricht mit an das Hauptfach angepassten Übeerwartungen erteilt werden. Dem zukünftigen Instrumentallehrer kommt es zu gute, wenn er später seine Schüler selbst am Klavier begleiten kann.

Unterricht mit Erwachsenen

Für Eltern, die selbst kein Instrument spielen, deren Kinder aber Klavierunterricht erhalten, kann man einen Elementarunterricht auf dem Klavier anbieten, damit sie ein besseres Verständnis für die Materie entwickeln. Für den Gruppenunterricht, in dem jeder Schüler natürlich weniger Sonderzuwendung vom Lehrer erhalten kann als im traditionellen Einzelunterricht, ist es von Vorteil, wenn die Eltern dann imstande sind, im Fall eines aufkommenden Problems dem Lehrer im Vorfeld ein Zeichen zu geben, damit er rechtzeitig reagieren kann. Denn in der Gruppe braucht ein Kind länger als im Einzelunterricht, bis es den Mut findet, sich vor den anderen über seine Probleme zu äußern. Bei einer günstigen Gruppenzusammensetzung ist es zuweilen möglich, die Mütter (oder Väter) in den Unterricht einzubeziehen. Dabei ist aber unbedingt dafür zu sorgen, dass die Eltern nicht am Instrument zur Konkurrenz für die eigenen Kinder werden.

Abgesehen von solchem auf die Kindergruppe bezogenem Unterricht ist es sinnvoll, Gruppenarbeit für Erwachsene anzubieten, die in ihrer Jugend Klavier gespielt haben und nach einer längeren Pause wieder einsteigen wollen. Viele dieser Wiedereinsteiger haben nach ihrer Pause eine verständliche Scheu, sich am Instrument vor Zuhörern zu äußern. Der sicherste Weg diese Anfangs-Hemmschwelle zu überwinden führt über leichte technische Gruppenübungen. Es ist günstig, damit zuerst die verschlafenen Klavierfinger wieder behutsam in die Pflicht zu nehmen. Und zum Gruppensatz zusammengesetzt können sie schon in der ersten Unterrichtseinheit zu einem Klangerlebnis führen und dadurch den Mut wachsen lassen.

Auch für erwachsene Neuanfänger kann der Gruppenrahmen auf gleiche Weise entspannend und motivierend wirken.

9. Unterrichtsformen und -inhalte für alle Altersstufen

Technik-Training
Bereits im Anfangsunterricht ist es sehr empfehlenswert, möglichst viel Zeit für technische Übungen zu verwenden. Es hat sich als sehr vorteilhaft erwiesen, wenn junge Klaviereinsteiger neben der Arbeit am Notentext ihre Motorik intensiv trainieren.

Wenn der Unterrichtsanfang erfolgreich sein soll, müssen die jungen Menschen möglichst genau auf ihrer augenblicklichen Entwicklungsstufe abgeholt werden. Der Einstieg in den weiterführenden Instrumentalunterricht fällt in vielen Musikschulen nach dem Elementarkurs mit dem Zeitpunkt des Schulanfangs zusammen. Während das Kind seine Motorik bereits seit seiner Geburt trainiert, befindet es sich jetzt in der Schule normalerweise am Anfang des Leselehrgangs. Deshalb ist es sinnvoll, wenn die Entwicklung der Motorik zu diesem Zeitpunkt Vorrang vor der intellektuellen Beschäftigung mit dem Notentext hat. Will man warten, bis jeder gespielte Ton auch gelesen werden kann, geht kostbare Zeit verloren.

Das gesunde Kind bewegt sich gern und selbstbewusst. Es besitzt einen natürlichen Bewegungsdrang. Diese kindliche Bewegungsfreude lässt sich als Motor nutzen. Ein zweiter Ansatzpunkt findet sich beim Kommunikationswunsch des Kindes. Kinder wollen mit Kindern spielen, auch in der Musik. In das pädagogische Konzept übertragen bedeutet das: Ensemblespiel von Anfang an, bzw. Technik-Training in der Gruppe, in angepasster Form auch schon mit sehr jungen Schülern.

Wenn die Arbeit am Notentext es nach einiger Zeit schon erlaubt, kleine Stücke zu lesen und zu spielen, ist es von Vorteil, wenn die motorischen Fähigkeiten weiter entwickelt sind, als es für solch ein kleines Stück nötig wäre. Ist eine kleine Übung schon schwer zu lesen ist, darf sie nicht auch noch ma-

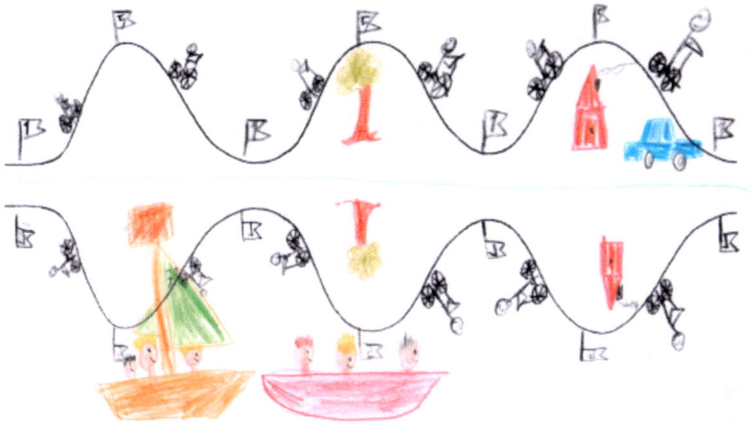

„Crossrad-Bahn", Darstellung einer Fünf-Finger-Übung für den Gruppensatz im Vorschulalter

nuell große Schwierigkeiten bereiten. Was auf dieser Leistungsstufe technisch nur schwer erreichbar ist, "klingt" nicht, wird nicht spontan angenommen. Stücke werden leicht zerspielt, wenn man an ihnen die Motorik trainieren will, deshalb sollten entsprechende technische Fähigkeiten vorliegen, bevor ein Stück gearbeitet wird. Technische Gruppenspiele und -übungen[2], die dem kindlichen Bewegungsdrang sehr entgegenkommen, erhöhen wesentlich die Griffsicherheit.

Junge Menschen lernen auf vielerlei Weise die Grundfunktionen ihres Körpers zu beherrschen. Mit ihrer altersgemäßen Freude an der Bewegung und einer natürlichen Ausgangslockerheit sind sie dafür bestens ausgerüstet. Lässt man einem Kind sein eigenes Tempo zum Ausprobieren, nimmt seine Sicherheit und

2 s. Fibelheft 1 „Tastenspiele"

sein Selbstvertrauen zu. Schon bei einfachsten Übungen kommt es deshalb sehr darauf an, dass das Tempo nie die kindliche Leistungsfähigkeit überschreitet. Die Tastatur muss für das Kind zum musikalischen Lebensraum werden, in dem es sich wohl fühlt und in dem es sich so sicher und spontan bewegen kann wie in seinem nicht musikalischen Umfeld.

Drängt man ein Kind zu einer Handlung oder Bewegung, die von seinen motorischen Fähigkeiten noch nicht beherrscht werden, kann es wegen negativer Erfahrungen Angst entwickeln. Und ein Versagen beim Vorspiel tut weh, es macht Angst vor Wiederholungen. Vorspielangst wird meist von Spielanfängern gelernt.

Es gibt natürlich noch andere Kriterien, ein Klavierstück für ein Vorspiel abzusichern als nur die aus technischer Sicht beleuchteten. Aber der Anteil der Technik am Erfolg ist erheblich und wird leider oft vernachlässigt.

Wie schon ausgeführt, ist es normal, und muss auch nicht zum pädagogischen Problem werden, wenn die Kinder einer Gruppe sich unterschiedlich schnell entwickeln. Wie in der Schule gibt es auch am Instrument Kinder, die schneller als die anderen lesen. Damit es bei ihnen zu keinem Leerlauf im Übeverhalten kommt, während die übrigen Kinder eine etwas langsamere Gangart benötigen, können aus technischen Übungen ihrem Leistungsstand entsprechende kleine Begleitungen entstehen, die zu den Stücken der anderen Kinder passen.

Gerade solche Extraaufgaben können sehr motivierend sein. Im Idealfall kann so die ganze Gruppe gleichzeitig zu intensivem Arbeiten gebracht werden. Leistungsunterschiede zwischen den einzelnen Kindern sind auf diese Weise eher günstig für die Gruppenarbeit. Nur eine Wertung der unterschiedlichen Schwierigkeiten durch den Lehrer vor der ganzen Gruppe sollte unterbleiben. Es muss zu jedem Zeitpunkt für die Gruppe selbstverständlich sein, dass der Lehrer alle Kinder auf ihre Weise gleichermaßen mag und fördert .

Wenn technische Übungen langweilig sind, werden sie nicht geübt. Aber sie können in der Gruppenarbeit einen sportlichen Charakter haben und zusätzlich zum gemeinsamen Klangerlebnis werden. Man kann als Lehrer davon profitieren, dass die meisten Kinder schon während der Grundschulzeit Sport betreiben.

Es entsteht Ehrgeiz und Teamgeist. Die Kinder halten beim Technik-Training gemeinsam länger durch. Einfache Grundübungen werden zu Kettenübungen mit vielen Varianten, die einen großen Teil unseres Klaviergruppen-Sports ausfüllen. Einfache Übungen in der Gruppe werden zur Mannschaftsakrobatik zusammengesetzt[3] und dabei so oft wiederholt und variiert, bis die Schüler den Trainingseffekt bemerkt haben und mit Überzeugung weiter üben.

Kettenübungen

Es handelt sich um Übungen, in denen ähnlich wie bei Hanon einfache Spielformeln durch Sequenzierungen auf- oder abwärts geführt werden. Sie sind mit ihren Grundformeln so leicht, dass nicht viel Zeit benötigt wird, um die Töne zu erlernen. Der Trainingseffekt wird multipliziert durch die gereihte Struktur und die häufigen Abläufe im Gruppentraining. Bei jedem Durchgang werden viele Repetitionen der Grundform gespielt. In Gruppensätzen unterschiedlicher Art gehören sie zum ständigen Trainingsprogramm. Sie funktionieren als Einspiel- und Geläufigkeitsübungen im Gruppen- wie auch im Einzelunterricht.

Kettenübungen haben in der Gruppe auf jeder Altersstufe die Aufgabe, der vielfach verbreiteten Unlust zum trockenen Techniktraining entgegenzuwirken. Wer es vom Beginn seines Instrumentalunterrichts an erfahren hat, dass Techniktraining mit Freude und Erfolg verbunden sein kann, wird auch später immer wieder gern zu Übungen greifen. So werden sinnvolle Übungen zu einem Gewinn bringenden Gruppenerlebnis.

Im Kanon gespielt wird polyphones Hören vorbereitet. Wiederholt umgestellte Besetzungen fordern von den Schülern ein großes Maß an Konzentration. Sie empfinden dies aber nicht als Stress, sondern spielen die Übungen gern und haben so gemeinsame Erfolgserlebnisse.

In solchem Ensemble-Training werden die Partner unbemerkt gegenseitig zum Metronomersatz, besonders wenn sie Vergrößerungen oder Verkleinerungen

3 s. Klavierbahn, Heft 1-3

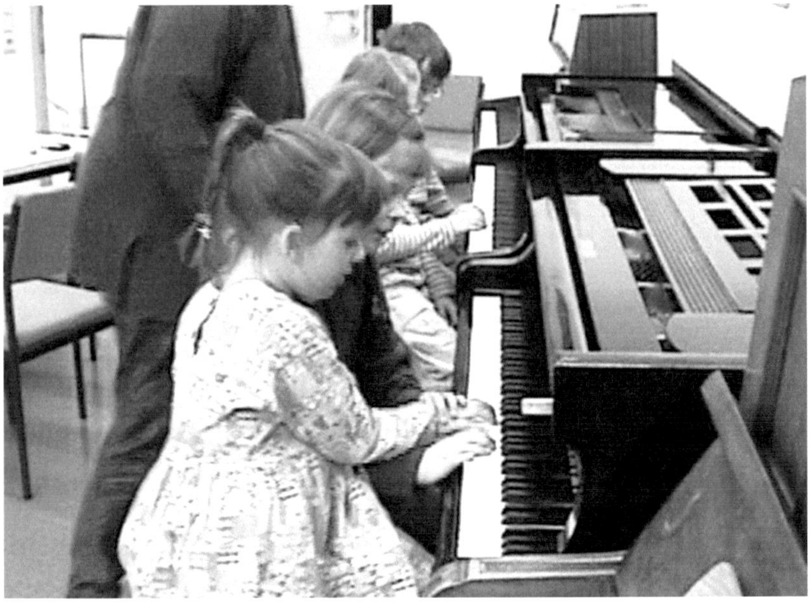

Ausführung einer abwärts laufenden Kettenübung taktweise auf die Spieler verteilt (Spieler 1-3-2-4 usw.) 2002

gegen die Originalfassungen zu spielen haben, oder wenn andere Begleitfiguren in doppeltem oder halbem Tempo dagegenzuhalten sind.

Dabei wird durch vorwiegend konsequente Reihungen und Überlagerungen technischer Elemente die Arbeit an zeitgenössischen Werken vorbereitet. Dürfen die Schüler selbst bestimmen, wie und wo die Einsätze geschehen sollen, entstehen ganz von alleine dissonante musikalische Ereignisse, die sie bereit sind zu bewältigen und auch versuchen durchzuhören, weil sie sie schließlich selbst erfunden haben. Dadurch wird die Bereitschaft, neue Klänge zu hören, zu spielen und auch herzustellen erheblich erleichtert. Es wird der weit verbreiteten Meinung entgegengewirkt, dass moderne Musik schwerer zu spielen sei als klassische. Die Schüler erfahren ja gerade im Tun auf leicht zu verwirklichende Weise, wie reizvoll neue Klänge sein können.

Kettenübungen sind bei jungen Spielanfängern auch vor oder parallel zum Lesekurs sinnvoll. Die Schüler sind in der Regel sehr motiviert, sich auf diese Weise das Instrument mit seiner ganzen Tastatur zu erobern, auch wenn sie mit ihren Lesefähigkeiten noch am Anfang stehen. Bei gruppenfähigen Kindern, d.h. etwa mit beginnender Schulreife, kann dieses Training im Gruppenverband erfolgen. Kinder im Vorschulalter und davor brauchen einzeln einen Vorlauf mit dem Lehrer, sind aber in der Regel stolz, wenn sie dann endlich mit den Größeren mitspielen dürfen.

Kettenübungen sind so konzipiert, dass sie von jung nach alt und von leicht nach schwer in vielen variablen Sätzen angepasst werden können.[4] Sie sind geeignet, Schüler unterschiedlichen Alters gewinnbringend miteinander trainieren zu lassen.

Aus Kettenübungen, die ja eigentlich nur gereihte technische Formeln sind, kann man Begleitfiguren basteln, um junge Spielanfänger mit ihren kleinen Anfängerstückchen zu begleiten und sie mit ihren Stückchen in den großen Gruppensatz zu integrieren. Im Gegenzug lernen die Älteren bei solchen Aktionen, sich rücksichtsvoll anzupassen. Umgekehrt kann man die Kleinen einfache Begleitungen zu den Übungen der Großen spielen lassen.

Kettenübungen als regelmäßiger Bestandteil des Gruppenunterrichts tragen durch ihre Intensität und Effektivität dazu bei, dass bei chronischer Unterrichtsknappheit keine qualitativen Abstriche gemacht werdenen müssen.

Unterrichtsüberschneidungen

Für den im Großgruppenunterricht noch unerfahrenen Klavierlehrer sind sie ein willkommener Vorrat kurzer Unterrichtszeiten, um sich mit der Gruppenarbeit vertraut zu machen.

Besteht ein Nachmittag aus aufeinander folgenden Einzelunterrichtseinheiten, so ist es sinnvoll, die Schüler so auf den Nachmittag zu verteilen, dass die

4 s. Anhang, Kap. 5 u. 6, S.111 ff.

benachbarten Schüler miteinander harmonieren können. Daraus ergibt sich die Möglichkeit, den Schülern auf der Grenze zwischen den Unterrichtszeiten etwas gemeinsam zu vermitteln. Dies bedeutet zunächst eine regelmäßige zeitliche Unterrichtserweiterung für beide Schüler.

Inhaltlich lassen sich diese Stundenübergänge natürlich auf vielfältige Weise nutzen:

Beispiel 1: Schüler A bleibt 5-10 Minuten länger, Schüler B kommt 5-10 Minuten früher. Schon ergibt sich zusammen mit dem Lehrer eine Dreiergruppe, bei der für 10-20 Minuten z.B.Technik-Training angesagt ist. Kann ein bringender oder abholender Elternteil ein wenig Klavier spielen, lässt er sich nach anfänglichem Zögern meist mit einbeziehen. Das hat den großen Vorteil, dass nicht nur die Gruppe vollständiger wird, sondern es werden die Übungen dann auch zu Hause weiter gemeinsam gespielt.

Beispiel 2: Schüler A lernt gegen Ende seines Unterrichtes eine neue technische Übung, die er dem nachfolgenden Schüler B weiterzugeben versucht. Dies ist für Schüler A bereits eine Vertiefung des eben erst Gelernten. Schüler B wird sich in der Regel bemühen sich vor Schüler A nicht die Blöße zu geben, dass er das Gezeigte nicht umsetzen kann. Es entsteht also wie von selbst eine konzentrierte Arbeitsatmosphäre. Schüler B kann dann am Ende seiner Unterrichtszeit die Übung in der gefundenen Gestalt oder auch mit einer neuen Ausprägung an den nachfolgenden Schüler C weitergeben. Bei einiger Routine des Lehrers lassen sich diese Unterrichtsüberschneidungen nicht nur durchführen, wenn die aufeinander folgenden Schüler in etwa den gleichen Leistungsstand haben.

Man nutzt auf diesem Wege ein Prinzip des Gruppenunterrichts für den Einzelunterricht. Das kann gleichermaßen für den privaten instrumentalen Einzelunterricht wie für den fortführenden Einzelunterricht innerhalb einer Musikschule von Nutzen sein, denn der üblicherweise zeitlich stark begrenzte Unterricht wird durch diesen kleinen Kunstgriff erweitert. Solche Unterrichtsüberschneidungen sind bei den meisten Schülern sehr beliebt.

Synchron-Unterricht
Es ist ein Unterricht gemeint, bei dem alle Schüler das gleiche Stück spielen.

1. Solostücke
Durchläuft ein Schüler eine längere Arbeitsphase in einer Gruppe, so ist es nicht ratsam, ihn ausschließlich Stücke erlernen zu lassen, die nur im Zusammenspiel mit den Partnern zum Klingen zu bringen sind. Er kann bei seinen Freunden keinen großen Eindruck hinterlassen, wenn er ihnen ein unvollständiges Stück vorspielt. Sinnvoll ist, in regelmäßigen Abständen Solostücke zu finden, die alle Spieler in einem etwa gleichen Zeitraum erlernen können.

Man könnte z.B. folgendermaßen verfahren:

Zunächst gilt es, die Motivation aller auf das gleiche Stück zu konzentrieren. Den Schülern werden Vorschläge gemacht, und sie sind an der Wahl aktiv beteiligt.

Gruppenkinder sind meist daran gewöhnt, zu Hause relativ selbstständig zu arbeiten. Trotzdem hat normalerweise in einer Gruppe jeder Schüler spezifische Probleme mit einem Musikstück, die im Unterricht aufgefangen werden müssen. Dem Lehrer bleibt im Gruppenunterricht weniger Zeit, mit dem einzelnen Schüler diese nur nach seinem persönlichen Bedarf zu beheben, ohne dass die anderen warten müssen. Dafür werden entsprechende Übungen benötigt, die dann von allen als Gruppensatz gearbeitet werden. So wird das ausgewählte Klavierwerk mit stückbezogener Technik gemeinsam vorbereitet.

Nach diesen erleichternden Vorbereitungen während des Unterrichts wird das Klavierstück als Ziel von jedem einzelnen Spieler zu Hause allein weitergeübt.

Können alle Schüler das Stück mit einer Hand halbwegs flüssig spielen, lässt es sich in der Gruppe daran gemeinsam weiterarbeiten. Mit verteilten Rollen, parallel von allen gleichzeitig oder abschnittweise von einzelnen Schülern oder Schülergruppen kann die Spannung lange gehalten werden. So wird nach dieser Vorarbeit das Stück bereits im Vorfeld vor dem weiteren häuslichen Übeprozess besser verstanden und das Üben jedes einzelnen Schülers zu Hause sinnvoll erleichtert.

2. Vierhändig

Die Teilnehmerzahl richtet sich nach der Anzahl der zur Verfügung stehenden Instrumente. Vierhändigspielen in doppelter Besetzung ist eine sehr gute Möglichkeit, mit einer Vierergruppe zu arbeiten, wenn nur ein Raum mit zwei Instrumenten zur Verfügung steht. Und es ist erneut eine relativ leichte Art, sich als Lehrer an die Gruppenarbeit zu gewöhnen. Aus zwei Zweiergruppen, die dasselbe Stück gearbeitet haben, wird eine Vierergruppe. Das Zusammenführen der beiden Gruppenhälften kann nach und nach wieder durch Unterrichtsüberschneidungen an den Stundenübergängen erfolgen.

Noch effektiver ist die Arbeit, wenn nicht in Zweiergruppen vorgearbeitet wird. In einem Unterrichtsraum mit zwei Instrumenten kann man beide Vierhändig-Paare gleichzeitig mit dem Stück beginnen lassen. Wenn jeder Schüler zunächst nur einhändig spielt, kann bei vier Spielern nach und nach das ganze Werk zum Klingen gebracht werden.

Nun ist es nicht immer ohne weiteres ratsam, vier Kinder gleichzeitig vier verschiedene Stimmen vom Blatt spielen zu lassen. Schwierige Passagen müssen separat vorgeübt werden. Um Wartezeiten der anderen Spieler zu vermeiden, spielen alle Spieler die betreffende Stelle oder Stimme zu Beginn der Arbeitsphase unisono.

Besetzung in der ersten Arbeitsphase:

1. Primo-Spieler : rechte Hand
2. Primo-Spieler : linke Hand
1. Secondo-Spieler : rechte Hand
2. Secondo-Spieler : linke Hand

Wenn nach einiger Zeit die Schüler ihre Hände folgendermaßen tauschen:

1. Primo-Spieler : linke Hand
2. Primo-Spieler : rechte Hand
1. Secondo-Spieler : linke Hand
2. Secondo-Spieler : rechte Hand,

hat am Unterrichtsende jeder beide Hände seiner Stimme kennengelernt. So vorbereitet wird danach zu Hause gerne zusammengesetzt und weiter geübt.

Blattspielen

Blattspielen ist ein sehr lohnender Unterrichtsinhalt im Gruppenverband. Es besteht in der Gruppe sehr viel zwingender die Notwendigkeit, den nächsten Ton oder Akkord rechtzeitig zu finden, als wenn man allein vom Blatt liest. Bildlich gesprochen fährt der Zug weiter, und es ist nicht angenehm, immer wieder zurückzubleiben. Deshalb üben die einzelnen Spieler zu Hause weiter, um im nächsten Unterricht den Anschluss an die Gruppe besser halten zu können. Dieses Ziel muss erreichbar erscheinen. Entweder benötigt man für ein Projekt zum Blattspielen eine möglichst homogene Gruppe, oder die gegebenen Leistungsunterschiede müssen vom Lehrer durch eine entsprechende Wahl der Spielliteratur ausgeglichen werden.

Blattspielen muss von Anfang an gepflegt werden. Beim Anfängerunterricht in der Musikschul-Unterstufe, der altersgemäß aus kurzen überschaubaren pädagogischen Abschnitten besteht, sollte man innerhalb der regulären Unterrichtsstunden Leseübungen im Rahmen des bis dahin bekannten Tonraums einfügen.

Mit zunehmenden Lesefähigkeiten, etwa in der Musikschul-Mittelstufe, lassen sich Projekte anbieten, in denen vordergründig Lesen geübt wird. Das weitaus wichtigere Ziel eines solchen Kurses kann aber darin bestehen, dass die Spieler gemeinsam Literatur kennenlernen. Mit verteilten Rollen bedeutet das für den einzelnen Schüler mehr Erfolg mit weniger Aufwand in kürzerer Zeit, als wenn er sich allein den ganzen Notentext aneigenen muss. Es kommt vor, dass dies dann zu Hause nachgeholt wird, wenn ein Stück einem Schüler besonders gefallen hat. Ein optimales Gruppenergebnis wäre es allerdings, auf diesem Wege ein Stück zu finden, das mit allen Teilnehmern anschließend synchron gearbeitet werden kann.

Besteht die Möglichkeit, in der Musikschul-Oberstufe einen Ergänzungsunterricht für Klavierspieler anzubieten, dann sind vorher erworbene gute Lesefähigkeiten der Teilnehmer von großem Vorteil, ganz gleich ob es sich bei dem Kursinhalt um ein Thema aus der Musikgeschichte handelt, oder ob aus gegebenem Anlass formale, stilistische oder andere thematisch gebundene Analysen erstellt und verstanden werden sollen, nur um einige mögliche Beispiele zu nennen.

Klavierschüler haben, wenn sie kein zweites Instrument spielen, normalerweise nicht die Möglichkeit, regelmäßig in einem Orchester mitzuspielen. Im Unterricht angeführte Tonbeispiele aus der Orchesterliteratur werden besser nachempfunden und verstanden, wenn man sie als Gruppe "begriffen" hat.

Die Größe einer solchen Gruppe hängt wieder von der Anzahl der zur Verfügung stehenden Instrumente und dem Alter der Schüler ab. Je älter die Schüler sind, um so mehr kann davon ausgegangen werden, dass sie sich an den Instrumenten abwechseln können und dass sie dann auch passiv – z.B. wenn sie es gelernt haben, den Notentext mitzulesen – beim Zuhören vom Spiel der Gruppenpartner profitieren werden. Je nach dem Inhalt des Kurses ist es denkbar, dass auch Nicht-Klavierspieler passiv daran teilnehmen.

Musik-Theorie

Das Klavier bietet als Harmonie-Instrument beste Voraussetzungen, um Bereiche der Musiktheorie "spielend" zu verstehen. Es ist vorzuziehen, dass die Schüler zuerst praktische Erfahrungen im Umgang mit der Materie sammeln, bevor sie Regeln kennen lernen. Das ist umso wichtiger, je jünger die Schüler sind.

Mit ersten Übungen kann bereits im Anfangs-Unterricht begonnen werden. Ein Beispiel:

Es ist für noch ungeübte Schüler leichter, sich gehörmäßig an die Grundfunktionen zu gewöhnen, wenn man ihnen für einfache Begleitungen nicht nur die Grundtöne der Hauptfunktionen gibt, sondern wenn man sie sich am Klang der Harmonien orientieren lässt, auch wenn es für den einzelnen Schüler noch zu schwer ist, einen Dreiklang zu greifen. Stehen wenigstens zwei Instrumente zur Verfügung, lassen sich gerade in einer größeren Gruppe dafür wirkungsvolle

Übungsspiele zusammenstellen. Man erklärt eins zum Tonika-, das andere zum Dominant-Klavier und markiert jeweils alle für die Übung gewünschten Töne auf den Tastaturen mit Klebepunkten. Es müssen gemeinsam Spielregeln verabredet werden, wie sich die beiden Instrumente abwechseln sollen.

Die Kinder übernehmen erst nur die Begleitfunktion, am besten anfangs in einer vom Lehrer vorgegebenen Reihenfolge. Nach Erreichen einiger Sicherheit werden sie überrascht sein, wenn ein Lied wie z.B. die „Vogelhochzeit" vom Lehrer vorsichtig dazu gespielt wird.

Auch jede von den Kindern vorgeschlagene Reihenfolge sollte ausprobiert werden. Über einer von den Kindern zusammengestellten Abfolge kann der Lehrer eine Melodie improvisieren.

Sobald die Schüler einer Gruppe eine kleine Melodie flüssig spielen können, ist es an der Zeit, ihnen beizubringen, sich mit einfachen Elementen gegenseitig zu begleiten. Mit zunehmenden technischen Fähigkeiten der Schüler lassen sich nach und nach die dazugehörenden Dreiklänge als schlichte Begleitfiguren einführen und in vielen Varianten zur gespielten oder gesungenen Melodie auf Kinder und Instrumente verteilen.

Gehören solche und ähnliche Übungen in Abständen zum Unterrichtsalltag, lernt die Mehrzahl der Schüler, die Grundfunktionen beim Spielen zu hören. Es ist ohne Probleme zu erreichen, dass bereits im Mittelstufenbereich Volksliedbegleitungen improvisiert anstatt gelesen werden. Die Begleitungen lassen sich dann in ähnlicher Form auf andere Lieder (Weihnachtslieder!) übertragen.

Allgemeine Musikerziehung am Klavier

Teilbereiche des elementaren Musikunterrichts, die wegen Fachlehrermangels nicht in ausreichendem Maß in den allgemeinbildenden Schulen abgedeckt werden können, lassen sich für interessierte Kinder in die Musikschule verlegen. Solche Elementarkurse im Mittelstufenbereich einer Musikschule sind besonders effektiv in einer Großgruppe am Klavier durchführbar, besonders, wenn bereits ein entsprechender Arbeitsraum mit mehreren Instrumenten vorhanden ist.

10. Klavierorchester

Wir kennen das Klavier traditionell als Soloinstrument. Wenn wir es dann im Gruppenunterricht auch als Melodie-Instrument einsetzen ist es naheliegend auch an ein Klavierorchester zu denken. Es soll nicht Klavierunterricht in einer Riesengruppe zum pädagogischen Inhalt haben, sondern eine Einrichtung sein, in der sich Klavierschüler unterschiedlichen Alters ähnlich den Streichern und Bläsern in Vor- und Hauptorchester im Orchesterspielen üben können.

Die Instrumente

Eine Musikschule kann sichr nicht für jeden einzelnen Spieler ein Klavier hinstellen, deshalb sollte man sich nicht dem Gedanken verschließen, mit einem gemischten Instrumentarium aus mechanischen und elektronischen Instrumenten zu arbeiten. Das Projekt muss nicht an Prinzipien scheitern, die zwar zu verstehen, finanziell aber nicht durchsetzbar sind. Es gibt genügend Argumente, die für den Versuch sprechen, ein Klavierorchester entstehen zu lassen.

Bei aller Kompromissbereitschaft sollte bei elektronischen Instrumenten jedoch weder auf Tastaturen in normaler Größe noch auf Anschlagsdynamik verzichtet werden. Die Spieler müssen sich in regelmäßigen Abständen an diesen und den mechanischen Instrumenten abwechseln. Auch muß die klangliche Andersartigkeit der elektronischen Instrumente nicht nur als Kompromiss oder gar als störend empfunden werden. Man kann die unterschiedlichen Klangfarben bewusst zum Registrieren einsetzen.

Anordnung im Raum

Die Aufstellung der Instrumente im Raum hängt im Wesentlichen von der Größe der Gruppe, der Körpergröße der Kinder und der Beschaffenheit des Instrumentariums ab. Wie in jedem anderen Orchester müssen die Spieler untereinander Kontakt haben und von jedem Platz aus den Dirigenten sehen können. Stellt man die mechanischen Instrumente so, dass sich ein Halbkreis mit Blickrichtung auf den Dirigenten ergibt, so wird dieser Blick besonders für kleinere Schüler schon ab einer Klavierhöhe von 108 cm durch das Instrument selbst verstellt. Es sind also die etwas niedrigeren Klaviere besser geeignet. Mit E-Pianos gibt es natürlich keine Sichtprobleme beim Simulieren einer Orchestersituation. Man könnte mit ihnen sogar einen oder mehrere Halbkreise vor dem Dirigenten bilden. Mechanische Klaviere stehen besser in zwei gegeneinander gestellten Reihen (möglichst nicht mehr als zwei lang) mit dem Blick zueinander. Öffnet man den Winkel zwischen den Reihen leicht auf der Seite, wo der Dirigent steht, können ihn die Spieler besser im Blickwinkel haben, und er kann trotzdem die Hände aller Spieler beobachten. Bei Bedarf können auf beiden Seiten leicht versetzte Reihen mit elektronischen Instrumenten gestellt werden, mit denen die Spieler dann keine Sichtprobleme haben.

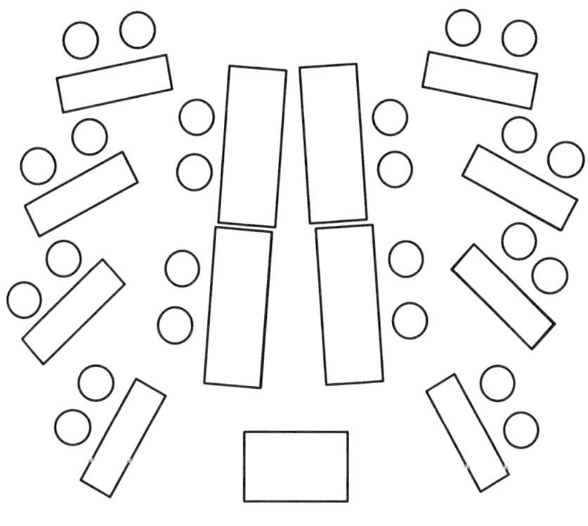

Im traditionellen Orchester musiziert üblicherweise jeder Musiker nur einen Teil des Gesamtwerks. Wird nun im Klavierorchester jedem Spieler nur eine Stimme zugeteilt, ist es bei geschickter Stimmverteilung möglich, zwei Spieler an jedem Instrument zu platzieren. Eine gewisse Schwierigkeit ergibt sich für den Dirigenten. Er muss sich darauf einstellen, dass an jedem Klavier jeweils ein hohes und ein tiefes "Instrument" sitzt. Es ergeben sich also nicht ohne weiteres Stimmblöcke, die man bei Einsätzen leicht abrufen kann.

Unterrichtsmaterial für Klavierorchester

Um die Schüler an die Orchestersituation zu gewöhnen, und um mit ihnen Einsätze, Abschläge und andere Orchesterroutinen zu vereinbaren und zu trainieren, ist es schon wegen der fehlenden Stimmblöcke empfehlenswert, dafür alle Spieler dasselbe Klavierstück gleichzeitig spielen zu lassen. Es muss von jedem einzelnen Spieler vorher gründlich vorbereitet sein, denn im Orchester ist es nicht das Ziel, ein Werk zu entziffern und nach und nach zu erarbeiten, sondern es soll musiziert, eine gemeinsame Interpretation gefunden werden. Ist einem Schüler dieses Musikstück etwas zu schwer, oder ist er mit dem Vorüben noch nicht ganz fertig, kann er erst einmal mit einer Hand spielen, bis er den Rückstand aufgeholt hat. Will man im Klavierorchester Schüler zusammenfassen, die vorher weitgehend nur Einzelunterricht erhalten haben, wird diese Anfangsphase länger dauern als bei Schülern, die schon durch Gruppenunterricht oder -projekte gelaufen sind, und bereits über Erfahrung verfügen, wie man z.B. gemeinsam einsetzt.

Die synchrone Wiedergabe von Klavierliteratur sollte auch außerhalb dieser Eingewöhnungsphase zum Alltag eines Klavierorchesters gehören. Die Klangmischung vieler Klaviere wurde auch von Zuhörern immer als sehr angenehm empfunden.

Will man in der Folge nicht ständig Spezialsätze schreiben, kann man sich auch weitgehend der üblichen **Orchesterliteratur** bedienen und sie soweit nötig für die Klaviere spielbar arrangieren. Man sollte z.B. den Bratschenschlüssel ersetzen und wenn nötig beide Klavierhände an einer Orchesterstimme beteiligen. Sitzen dann jeweils ein hohes und ein tiefes Instrument wie "1.Geige" und "Bratsche"; bzw. "2.Geige" und "Cello" zusammen an einem Instrument, so sind die wenigsten manuellen „Rangeleien" auf der Tastatur zu erwarten. Das Ergebnis sind dann von allen Spielern gemeinsam als Klavierauszug musizierte Orchesterstücke. Bedenkt man, dass es im 19. Jahrhundert allgemein üblich war, Orchesterwerke im häuslichen Kreis aus Klavierauszügen zu musizieren, kann man daraus folgern, dass eigentlich nur eine alte Praxis wiederbelebt wird, die durch die Entwicklung von Tonträgern verdrängt worden ist. Abgesehen davon hat es natürlich Vorteile, wenn man ein Orchesterwerk mit musiziert hat und es dann als Konzertbesucher erheblich besser durchhören kann.

Einen weiteren Vorteil des Orchestermusizierens kann man im Klavierorchester nutzen. Jeder Kollege kennt Klavierschüler, die Probleme mit der Erarbeitung eines **polyphonen Werkes** haben. Werden die einzelnen Stimmen einer Fuge auf die Spieler verteilt, kann jeder Spieler mit einem Teil der Fuge das ganze Werk fühlen lernen und ihm näher kommen. Kann man die Stimmen außerdem noch chorisch besetzen, wird die Schwierigkeit für den einzelnen Spieler noch weiter herabgesetzt. Eine solche Darstellung kann für den Einzelnen das Ziel sein oder auch zur Vorbereitung für die polyphone Arbeit am Soloklavier dienen.

Bei jungen Klavierspielern – gleich ob es sich um das Lebens- oder Spielalter handelt – sind **Kanons** zum polyphonen Training angesagt, nur dass im Klavierorchester anders als in der Klaviergruppe die Stimmen chorisch besetzt werden können.

Beim Musizieren von Kanons kann man, ohne größeren Widerstand von den Spielern befürchten zu müssen, einem Umstand entgegenwirken, der häufig beklagt aber selten wirklich mit Erfolg abgestellt wird: Klavierschüler **singen** oft viel zu wenig bis gar nicht.

Es wird den jungen Menschen durch die Medien sehr leicht gemacht, ihren musikalischen Bedarf in passiver Form zu befriedigen. "Nebenbei" lief es auch zum großen Teil in der Zeit vor den Tonträgern. Nur die Passivität war noch nicht gegeben. Wir wissen vom Singen in den Spinnstuben. Liedgruppen wie Küchenlieder, Fahrten- und Wanderlieder sind durch einen Bedarf entstanden und werden heute immer mehr zu Objekten der Volksliedforschung. Es geht der Gebrauchswert von Volksliedern weitgehend verloren und mit ihm der Nutzen, der dem Sänger daraus erwachsen könnte.

Nun soll nicht behauptet werden, dass Klavierschüler gar nicht singen. Besonders bei jungen Schülern, – etwa bis zum unteren Grundschulalter –, fällt immer wieder auf, dass sie beim Erarbeiten einer Melodie auf dem Instrument unwillkürlich mitsummen oder -singen. Sie schalten auf diese Weise ihr Gehör aktiv als Hilfsmittel ein, die betreffende Melodie sicher kennen zu lernen.

Auf die gleiche Weise können sich die Schüler im Klavierorchester durch Mitsingen der gespielten Stimme Vorteile verschaffen. Die Stimme hilft, das Gehör zu aktivieren und dadurch das Gespielte abzusichern, während die gespielten Töne auf dem Instrument dafür sorgen können, dass die ungeübte Stimme die richtige Tonhöhe trifft und besonders beim mehrstimmigen Musizieren leichter halten lernt.

Mit steigender Sicherheit kann man beides voneinander lösen und bei der gemeinsamen Darstellung am Ende wirkungsvoll kombinieren oder registrieren.

Und ein "singendes Orchester" gibt es auch nicht alle Tage.

11. Unterrichtsliteratur

Es gibt wenig Literatur für mehr als drei junge Klavierspieler. Der Lehrer wird selbst Stücke, Sätze oder Motive erfinden müssen. Gute musiktheoretische Kenntnisse oder eine Neigung zum Komponieren erleichtern ihm diese Aufgabe.

Eine gewisse anfängliche Scheu lässt sich überwinden. Junge Schüler sind zwar gnadenlos im Ablehnen von Übungen und Stücken, die sie nicht mögen. Schafft es der Lehrer aber, dass sie sich mit einem seiner Stücke identifizieren, so braucht er das Üben desselben nicht anzumahnen. Es hebt das Selbstwertgefühl der Schüler, wenn der Lehrer extra für sie komponiert hat. Es gibt sogar Situationen, wo sie sich darum reißen, wer das Stück zuerst im Vorspiel darstellen darf. Dass solche Sternstunden für das kompositorische Selbstbewusstsein des Lehrers außerordentlich aufbauend sind, liegt auf der Hand. Man sollte sich also nicht zeitraubend und meist vergeblich auf die schwierige Suche nach passender Unterrichtsliteratur begeben, sondern lieber nach und nach in die Situation hineinwachsen und eigene passende Stücke herstellen.

Nicht alles muss von Grund auf neu erfunden werden. Es lässt sich die bisher bevorzugte Klavierschule nach Stücken durchsehen, die für die Gruppenarbeit erweitert werden können. Was wird gebraucht?

Begleit- und Stützsätze

Besonders in der ersten Zeit, wenn die Kinder noch dabei sind, sich an das komplexe Hörerlebnis einer Klaviergruppe zu gewöhnen, ist es sehr nützlich, wenn der Lehrer die Übungen seiner Schüler nach Bedarf begleiten kann. Ein pädagogischer Anlass kann dazu gegeben sein, wenn die Gruppe z.B. das Metrum nicht hält oder eine Klangvorstellung von der Übung braucht, damit die Übemotivation gesteigert wird. Natürlich kann man eine Begleitung auch improvisieren. Ist diese jedoch in einfacher Form festgelegt und wird sie immer wieder identisch zur Übung dazu gespielt, gehört sie für die Schüler bereits von Anfang an zum

Stück und kann auch von einem etwas schneller lernenden Schüler mindestens teilweise übernommen werden. Haben sich die Schüler an den Gruppenklang gewöhnt, entstehen auf diese Weise erste Ensemblestücke. Diese müssen für den einzelnen Spieler leichter sein, als ein seinem augenblicklichen, individuellen Leistungsstand angepasstes Solostück, denn er muss sich neben dem Spielen seiner Stimme auch auf die Spielpartner und den Lehrer einzustellen lernen. Die Stücke müssen sich gut greifen lassen, und die Sätze gut durchzuhören sein.

Technische Gruppenübungen

Es gehört zum Alltag eines Instrumentallehrers, dass er die während des Unterrichts auftretenden technischen Probleme des Schülers beheben muss. Er wird seinem Schüler also Trainingsmaterial an die Hand geben, mit dem sich dann im Verlauf der folgenden Woche diese Probleme beseitigen oder doch mindestens mildern lassen. Jeder Kollege hat dazu seine eigenen bewährten Übungen. Diese gilt es gruppenfähig aufzubereiten. Ist ein Gruppensatz entstanden, in dem diese Übungen vermehrt enthalten sind, wird schon beim gemeinsamen Proben des Satzes ein großer Anteil der für das Stück benötigten Übungen erledigt. Die Bereitschaft, die Übung oft gemeinsam zu wiederholen und dabei dem vorgegebenen Tempo nicht auszuweichen, ist in der Gruppe sehr groß und hält sie so auf einem ähnlichen technischen Leistungsstand.

Gruppenübungen mit unterschiedlich schweren Einzelstimmen

Wegen der unterschiedlichen Leistungsfähigkeit der einzelnen Schüler braucht jedes Mitglied einer Gruppe eine Aufgabe, durch die es bei angemessenem Arbeitseinsatz zu seiner augenblicklich möglichen Höchstleistung kommen kann. Der Lehrer benötigt also Arbeitsmaterial, mit dem er mit den einzelnen Schülern auf unterschiedlichem Niveau arbeiten kann, das sich aber danach als gemeinsames Stück zusammenfügen lässt. So müssen Übungen und Stücke entstehen, die aus unterschiedlich schweren Einzelstimmen bestehen. Haben diese Stimmen verschiedene technische Formeln zum Anlass und sind die Schüler daran gewöhnt, dass bei technischen Trainingssätzen die Stimmen immer wieder getauscht werden, wird die Trainingszeit für alle erheblich verlängert und das Ergebnis entsprechend gesteigert.

Volksliedsätze

Besonders in den Anfängergruppen werden klaviergruppenfähige Volksliedsätze benötigt. Einfache Gruppensätze über bewährte Volkslied-Melodien sind schneller auf dem Papier, als wenn immer alles neu hergestellt werden muss. Volkslieder werden besonders von jungen Schülern gern gespielt und auch gesungen. Abgesehen davon, dass es sinnvoll ist, bei den Kindern eine gute Beziehung zum etwas älteren Volkslied zu entwickeln, lassen sich die gelernten Volkslieder danach vielfältig in den Unterricht einbauen (Theorie, Improvisation, Formenlehre, etc.). Auch im Bereich der Gehörbildung ist es vorteilhaft, wenn die Stimme kein Problem ist. Was man singen kann, ist leichter bewusst zu hören. Und eine mit der Stimme gesungene Melodie lässt sich danach auch mit den Fingern besser "singen".

Vorübungen für Neue Musik

Als besonders geeignet haben sich Motive und Formeln bewährt, die die pentatonische Leiter auf den schwarzen Tasten nutzen oder im bequemen Griffbereich der Finger einer Hand liegen. Man kann Cluster oder Tonfolgen, z.B. auf den Zwillingen und Drillingen zu wirkungsvollen Übungen zusammensetzen lassen. Werden Motive gewählt, die sowohl schwarze als auch weiße Tasten benötigen, dann erleichtert es die Arbeit erheblich, falls die Schüler mit beiden Händen spielen sollen, wenn anfangs die Griffe möglichst symmetrisch gewählt werden.

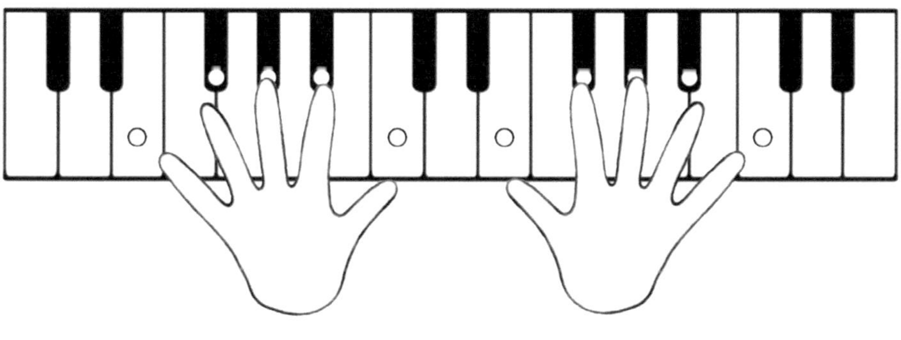

Die Erfahrung hat gezeigt, dass die Schüler die Beschäftigung mit chromatischem Material gut annehmen. Leiterübungen, Intervall- oder Akkordrückungen, parallel oder in jedem beliebigen Kanonabstand, können zu Knobeleien werden, die sportähnliches Kräftemessen innerhalb der Gruppe zur Folge haben. Die Neuartigkeit der Klänge ist dann kein Problem.

Übungen und Formeln zum Improvisieren und Komponieren

Nicht alle Stücke und Übungen, die im Unterricht erarbeitet werden sollen, müssen vorher fertig sein. Die meisten Kinder möchten kreativ sein. Sie malen Bilder und lernen es, Aufsätze zu schreiben. Zeigt man ihnen einen für sie begehbaren Weg, dann finden sie es auch völlig normal, Musik zu erfinden.

Dieser Weg muss vorbereitet sein. Es sollte wenigstens ein mögliches Gruppenergebnis als Ganzes und mit seinen dazugehörenden pädagogisch verwertbaren Einzelteilen und Formeln vor dem Unterricht vom Lehrer hergestellt werden. Das Unterrichtsergebnis wird dadurch nicht vorweggenommen. Die Ideen der Kinder können auf diese Weise leichter gebündelt und in eine gemeinsame Richtung gelenkt werden. Dadurch erreicht man leichter ein gemeinsames Ziel und nicht nur eine Flut schwer koordinierbarer kindlicher Einzelideen.

Nur wenige Kinder können auf Anhieb ein einfaches harmonisches Schema so durchhören, dass sie z.B. imstande sind, dazu eine passende Melodie zu erfinden. Deshalb ist ein Einstieg zum Improvisieren oder Komponieren über neuere Klänge leichter zu realisieren. Die Klaviertasten und bequeme Griffkombinationen können dabei sehr anregend sein. Formeln und Motive aus dem Bereich der neueren Klangwelt auch in Gestalt von technischen Übungen aktivieren die Phantasie der Kinder.

Besonders reizvoll ist es, wenn zwei oder gar noch mehr Spieler gleichzeitig erfinden. Man kann als Lehrer z.B. wieder einen Klangteppich auf den schwarzen Tasten vorgeben, zu dem die Schüler in freier oder verabredeter Form erfinden. Ist dieser Klangteppich festgelegt und so leicht, dass einer der Schüler den Part des Lehrers übernehmen kann, dann kann der Lehrer die anderen Schüler beim Improvisieren unterstützen.

Besonders bei jungen Schülern ist es sehr beliebt, sich Geschichten auszudenken und passende Klänge dazu auf dem Klavier zu erfinden. Auch solche Unterrichtseinheiten lassen sich gut steuern, wenn der Lehrer einen vorbereiteten Vorrat passender Formeln im Gepäck hat, die er bei Ideenmangel der Kinder dann wie zufällig auf den Tasten dazwischen streuen kann. Wenn er es sich zutraut, spontan zu reagieren, trauen sich die meisten Kinder auch. Wenn er improvisiert, muss es allerdings leicht und für die Kinder erreichbar klingen. In einer solchen Unterrichtssituation sich selbst zu profilieren, wirkt auf die Kinder entmutigend und dadurch abschreckend. Aus den Formeln sollten nach Möglichkeit Gruppenübungen werden. Erst wenn sie technisch beherrscht werden, benutzen sie die Kinder auch beim Improvisieren.

Die Schüler haben durch Gruppenübungen wiederholt erfahren, dass man Stücke üben kann, die dann "ganz zufällig" auch zusammen gespielt gut oder mindestens interessant klingen. Warum sollte man dann nicht auch probieren, ob von den Schülern unabhängig voneinander erfundene Stückchen zusammenpassen. Ihre Experimentierfreude hat selten Grenzen. Die Schüler werden bei diesen Versuchen ganz praktisch erfahren, wie hilfreich es sich auswirkt, wenn man den kleinen Erfindungen eine klare Form gibt, oder wenn sie über einem vorher festgelegten Schema entstanden sind. Auch für Unterrichtseinheiten dieser Art ist es sehr praktisch, wenn der Lehrer funktionierende Beispiele vorbereitet hat.

Vorübungen für Synchron-Unterricht

Jeder Kollege hat eine Anzahl bewährter Stücke, die er seinen Schülern gern zum Üben gibt. Für den Gruppenunterricht müssen dazu vorbereitende technische Übungen hergestellt werden. Diese haben einen höheren Trainingswert, wenn daraus ein Gruppensatz entsteht. Es ist günstig, wenn die Einzelstimmen solcher Trainingssätze unterschiedlich schwer sind. Eine Stimme sollte die Funktion der Metronomstimme übernehmen können. Diese Übungen passen meist nicht nur zu einem bestimmten Stück, sind also wiederverwendbar. Wenn sich ein kleiner Vorrat solcher Übungssätze angesammelt hat, und wenn die Schüler die vorbereitende Arbeit schätzen gelernt haben, werden sie zuweilen selbst aktiv und erfinden neue oder ähnliche eigene Übungen. Es ist für alle sehr motivierend, wenn diese dann von der ganzen Gruppe gespielt werden.

12. Umgang mit Großgruppen am Klavier

12.1 Regeln für den Unterrichtsverlauf

Bei der Wahl des Unterrichtsmaterials wird man sich ähnlich wie im Einzelunterricht davon leiten lassen, was die Schüler brauchen, was sie vorwärts bringen kann und was sie zu leisten imstande sind. Es gilt nun, den gewählten Unterrichtsinhalt methodisch sinnvoll zu verpacken.

Einstieg in den Unterricht
Es bieten sich arbeitsintensive Aufhänger wie Vorübungen aus den Bereichen Technik, Rhythmik oder Lesen an. Zu den sanfteren Einstiegsmöglichkeiten gehören Singen, Hören und Nachspielen oder Improvisieren mit Elementen, die einem Stück entnommen sind. Es ist wichtig, dass besonders am Anfang bei keinem der Schüler ein Leerlauf entsteht.

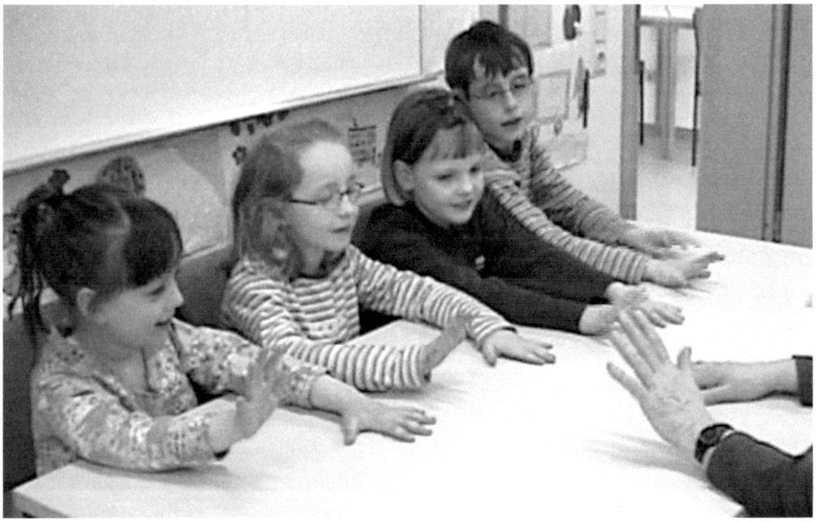

Tisch-Ensemble-Übung am Stundenanfang. Für zwei der Kinder ist es die erste Gruppenstunde. 2002

Einen sehr konzentrierten Unterrichtsanfang erhält man, wenn die gemeinsame Arbeit am Tisch beginnt.

Es ist günstig, wenn alle Schüler in einer Reihe dem Lehrer gegenüber sitzen. Bei Bewegungsübungen kann er die Schüler gut führen, wenn er sich wie ihr Spiegel verhält. Die folgenden Bereiche eignen sich besonders für die Arbeit am Tisch: Rhythmus (Sprache, Klopfen, etc.), manuelle Vorarbeit (Anschlagsarten, Griffe, Haltung, Lockerung, etc.) oder Arbeit am Notentext (vom Blatt lesen oder singen, Formen und Phasen erkennen, etc..)

Alles, was man durch größere Bewegungen verdeutlichen möchte, kann im **Raum** vorbereitet werden (Gangarten, Tempo, Tanzen, Lockerungsübungen etc.). Bei jungen Schülern sollten die Übungen in Spiele verpackt werden.

Ein gemeinsamer Einstieg am **Klavier** kann über technische Formeln und Spielfiguren aus dem gewählten Stück erfolgen, indem man daraus eine Gruppenübung entstehen lässt. Auch am Instrument ist vom Blatt zu lesen ein guter

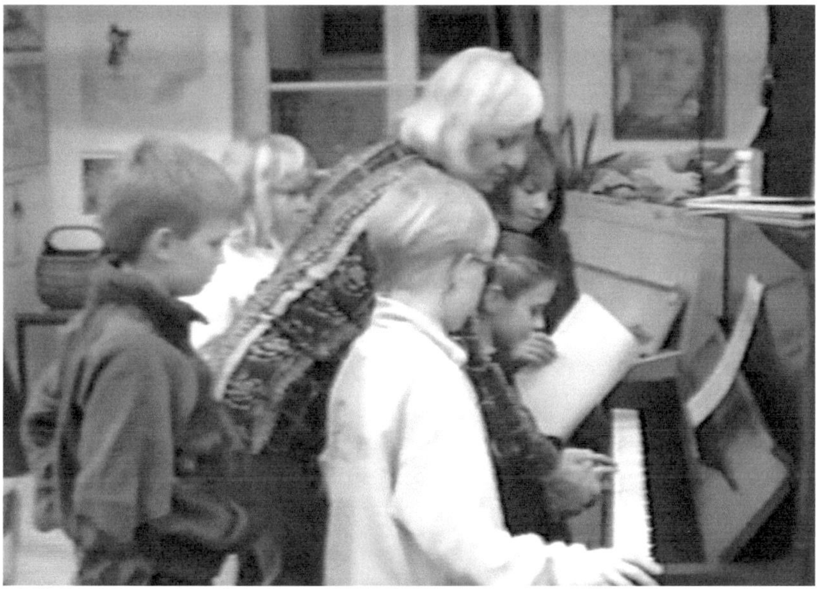

Leseübung in der zweiten Stunde einer Anfängergruppe 1996

Einstieg. Sollen die Schüler einzeln nacheinander lesen, so geschieht dies am besten an nur einem Instrument. Einer sitzt und spielt, die anderen stehen und lesen mit. Die Spieler müssen sich in zügiger Folge abwechseln, um Leerlauf beim Einzelnen zu vermeiden.

Nach einer Vorbereitung am Tisch ist es auch möglich, gemeinsam vom Blatt zu spielen. Macht dabei ein einzelner Schüler Fehler, sollte nicht gleich abgebrochen werden. Es ist besser, dem betroffenen Schüler wieder einzuhelfen und als ganze Gruppe durchzuhalten, solange das Hörergebnis vertretbar bleibt. Eine solche Situation wird in den meisten Fällen den betroffenen Schüler willig machen, zu Hause vom Blatt spielen zu üben. Die Schüler werden es nach und nach lernen, falsche Töne seltener zu spielen, und bei Unsicherheiten weiter zu lesen und an einer günstigen Stelle wieder einzusteigen.

Erfolgssicherung

Es ist sehr wichtig, den Unterrichtserfolg sorgfältig abzusichern. Davon hängt die Bereitschaft der Schüler zur korrekten häuslichen Weiterarbeit ab. Damit die Motivation der Schüler diesbezüglich steigt, ist das Spiel der Gruppe nach Möglichkeit so zu steuern, dass im Unterricht möglichst wenige Fehler gemacht werden. So können die Schüler die Erfahrung machen, dass man beim Üben nicht ständig daneben greifen muss. Wie im Einzelunterricht ist jeder falsche Ton ein falsch geübter Ton.

So ist es besonders wichtig, dass die Gruppe zunächst lernt, **gleichzeitig einzusetzen**. Die Anzahl der Fehlstarts lässt sich dabei folgendermaßen reduzieren: Die Einsatztöne müssen vor einem gemeinsamen Einsatz bei allen Schülern kontrolliert werden. Ein erfolgreichen Start wird außerdem begünstigt, wenn man nach Bedarf den Rhythmus kurz vorgibt und das Metrum festlegt, indem man das Tempo vorklopft und/oder -zählt. Es gilt, sicher zu stellen, dass jeder Spieler das gemeinsame Tempo realisieren kann. Man wählt zunächst ein Tempo (vorher einzeln abfragen), in dem der langsamste Schüler spielen kann. Es ist wichtig, dass sich **am Anfang** der Unterrichtsstunde auf diese Weise ein klingender **Erfolg** einstellt.

Setzen nicht alle Stimmen gleichzeitig ein, müssen gegebenenfalls Auftakt und Pausen am Anfang bewusst gemacht und die Einsatzfolge separat vorgeprobt werden.

Häufige **Einbrüche** der Gruppe während des Spiels lassen sich dadurch **vermeiden**, dass man den Schülern überschaubare, zügig realisierbare Aufgaben stellt. Diese sollten etwas leichter sein, als es der Leistungsfähigkeit der einzelnen Spieler im Einzelunterricht entspräche. Ist eine Aufgabe zu leicht oder viel zu schwer, wird Unruhe in der Gruppe erzeugt , weil die betreffenden Schüler abschalten.

Es gibt allerdings Schüler, bei denen eine leichte Überforderung bereitwilliges häusliches Nacharbeiten auslöst und dies umso mehr, je besser die Gruppe menschlich harmoniert. Man muss die Schüler allerdings sehr genau kennen, um einschätzen zu können, wie weit man mit einer leichten Überforderung gehen darf, ohne eine Entmutigung und damit das Gegenteil zu erreichen.

Die Stimmverteilung muss sich nach den Fähigkeiten der einzelnen Spieler richten. Man kann dazu die Stimmen während der ersten Probenphase so oft tauschen, bis eine sichere Fassung zum Klingen kommt. Es ist ratsam, dass während dieser ersten Arbeitphase vorwiegend der Lehrer die Stimmen verteilt, um zügig zu einem ersten Erfolg zu kommen. Später können auch nach Wunsch die Stimmen getauscht werden. Wenn möglich lernen alle Spieler alle Stimmen, um die Effektivität der Arbeit zu erhöhen. Außerdem können die Schüler den Satz dann besser durchhören. Das kommt dem Zusammenspiel zugute.

Fachliche Führung im Unterricht

Der Lehrer muss unbedingt während der ganzen Dauer des Unterrichts die Zügel in der Hand behalten.

Es ist für ihn sehr wichtig, dass er die Leistungsfähigkeit seiner Gruppe möglichst gut kennt. Die einzelnen geplanten Unterrichtsabschnitte müssen der Konzentrationsfähigkeit der Schüler entsprechen. Das Unterrichtsthema ist nach Bedarf zu variieren, bevor Ermüdung eintritt und die Gruppe mit Unruhe reagiert.

Besonders spannende Unterrichtssituationen können entstehen, wenn es die Schüler gewohnt sind, selbst mit Impulsen zum Unterrichtsgeschehen beizutragen, wenn sie erfahren haben, dass Ideen aufgegriffen und mit allen umgesetzt werden.

Es sollten möglichst immer alle Spieler am Instrument beschäftigt sein, weil dann kein Raum entsteht für andere störende Impulse. Außerdem wird der Trainingseffekt dadurch wesentlich angehoben

Der Lehrer sollte möglichst alle Unregelmäßigkeiten sofort bemerken und kommentieren, ohne zu verletzen. Fehler und Unsauberkeiten sind dann sofort zu beseitigen. Bei leicht korrigierbaren Fehlern (falscher Ton, unsicherer Einsatz, Faden verloren etc.) kann er während des Spielens klärend dazwischen greifen.

Er kann einen unsicheren Spieler zwischendurch wieder auf die Spur setzen, z.B. beim Blattspielen ihn auf das Lesen konzentrieren, mit einer Hand den Notenverlauf auf dem Papier mitzeigen, mit der anderen die Hand des Schülers auf die richtige Stelle der Tastatur setzen und nötigenfalls über, bzw. vor seiner Hand zwischen den schwarzen Tasten seine Stimme mitspielen, bis er wieder den Anschluss an die Gruppe gefunden hat.

Wenn der Lehrer selbst mitspielt, sollte dies möglichst am Klavier des unsichersten Spielers erfolgen, um diesen stützen zu können. Unsichere Spieler dürfen nicht zwischen Nachbarstimmen platziert werden, von denen sie irritiert werden könnten. Eine geschickte Platzverteilung kann erheblich zur Sicherheit beitragen.

Steigt ein Spieler völlig aus, dann ist er mindestens mit einer Kurzwiederholung evtl. nur einhändig oder mit reduziertem Tempo danach wieder ins gemeinsame Spiel zurückzuholen. Später sollte man mit ihm den Anlass beseitigen, möglichst so, dass sich für alle eine passende Übung daraus ergibt. Man kann auch eine bekannte passende Technik-Übung für alle einschieben.

Umgang mit der Gruppe
Neben dem fachlichen Können des Lehrers sind einige Regeln für den Umgang mit den Schülern in der Gruppe wichtig für den Erfolg seines Unterrichts:

Kritik muss ausnahmslos sachlich sein. Im Fall eines Fehlers darf sich niemand vor der Gruppe bloßgestellt fühlen. Es darf keine Gelegenheit ungenutzt bleiben, ein berechtigtes Lob auszusprechen. Der Lehrer darf nie in den Verdacht geraten, dass unterschiedliche Leistungsfähigkeiten seine Zuneigung zu den einzelnen Spielern beeinflussen könnten.

Vor jeder Wiederholung, die er seinen Schülern abverlangt, ist der den Grund dafür nennen.

Verbale Korrekturen oder Kommentare müssen direkt nach dem letzten gespielten Ton erfolgen. Es dürfen für die Gruppe keine Pausen entstehen, die zum Abreißen der Konzentration führen könnten.

Ab und zu kann die Gruppe die Aufgabe erhalten, vorgegebene Elemente für eine kurze(!) Zeit gleichzeitig zu üben. Es wirkt auf die Schüler entspannend, weil sie sich dann für eine Weile nicht mehr beobachtet fühlen. Das Ergebnis ist danach kollektiv oder auch einzeln abzufragen.

Die Motivation der Gruppe lässt sich dadurch steigern, dass möglichst jeder Spieler während einer Unterrichtseinheit einmal etwas vorführen darf, was er bewältigt.

Dirigieren der Gruppe
Ist der Klaviergruppenraum so groß, dass die Instrumente in einer Reihe stehen können, wird sich der Lehrer in der Mehrzahl der Fälle hinter den Spielern befinden, schon damit er schnell ein- und dazwischen greifen kann.

Da er von den Schülern dort nicht gesehen werden kann, muss er sie auf andere Weise „im Griff" halten. Er kann sie akustisch dirigieren, mit Fuß oder Hand: treten, klopfen oder klatschen. Auch Worte oder Singen sind wirkungsvoll.

Will er optisch dirigieren, so ist es nötig, zwischen die Spieler in ihr Blickfeld zu greifen. Wenn er für einen Einsatz an einer beliebigen Stelle über einer der Tastaturen eine Spielbewegung simuliert, genügt ein einfaches Anheben und Senken einer Hand. Es müssen nur alle vorher zum Hinsehen aufgefordert werden. Diese Art des Einsetzens ist so leicht zu erlernen, dass die Schüler die Gruppeneinsätze sehr bald reihum selbst geben können.

Ist die Gruppe schon aufeinander eingespielt und hat sie es schon gelernt, während des eigenen Spielens auf Nachbarn zu hören, kann der Lehrer selbst mitspielen und durch Akzente, Stützakkorde oder -rhythmen die Gruppe wirkungsvoll führen.

12.2 Außermusikalische Einflüsse auf den Großgruppenunterricht

Es steht zu erwarten, dass nur wenige Klavierkollegen im Unterricht schon einem größeren Gruppenverband gegenüber gestanden haben. Deshalb ist es sinnvoll, einige Probleme aufzuzeigen, die man z.T. aus dem Einzelunterricht kennt, die sich aber im Gruppenverband besonders ungünstig auswirken können.

Die meisten Auffälligkeiten sind auffangbar. Wie lange es aber dauern kann, bevor man an eine Umgruppierung denken muss, hängt davon ab, auf wievielen Ebenen und wie stark die Beeinträchtigungen sind.

Soziales Verhalten, Disziplin

In einer Gruppe sind Probleme einzelner Schüler, die im disziplinarischen Bereich liegen, sehr schwer aufzufangen. Die Arbeitszeit für den Gruppenunterricht ist relativ kurz bemessen. Sondermaßnahmen welcher Art auch immer für ein Kind, das Disziplinprobleme in den Unterricht bringt, gehen auf Kosten der übrigen – in der Regel lernwilligen – Kinder. Hinzu kommt, dass Musikunterricht an sich, was Geräusche angeht, natürlich leicht störbar ist, zumal auch zunächst ruhige Kinder nicht davor sicher sind, sich anstecken zu lassen. Liegt ein solcher Fall vor, muss man zunächst nach den Ursachen forschen.

Es gibt einige außermusikalische klassische Gründe dafür, warum Schüler im instrumentalen Gruppenunterricht mit Unruhe reagieren. Die gravierendsten sind:

- Mangelnde Arbeitsbereitschaft soll überdeckt werden

- Es ist nicht der Wunsch des Kindes, sondern der der Eltern, dass es am Unterricht teilnimmt.

- Das Kind wird zu Hause zum Üben gezwungen, muss sich deshalb im Unterricht produzieren.

Leistungserwartungen der Eltern
Erfahrungsgemäß ist es eine der schwerwiegendsten Ursachen, die zu einer Störung des Gruppenunterrichts führen kann, wenn bei einem der Kinder zu große Leistungserwartungen von den Eltern, bzw. von einem Elternteil ausgehen.

Wir kennen solche Schüler aus dem instrumentalen Einzelunterricht. Entspricht die Leistungserwartung der Eltern den Leistungsforderungen des Lehrers, so kann es – sofern der Schüler diesem doppelten Druck kräftemäßig und emotional gewachsen ist – zunächst zu einem fachlich brauchbaren Ergebnis kommen, z.B. mit Erfolgserlebnissen in Vorspielen oder Wettbewerben. Auch der Faktor der Gewohnheit darf nicht unterschätzt werden. Gelingt dieser Ausgleich nicht, dann ist in den meisten Fällen über kurz oder lang mit Leistungsverweigerung zu rechnen.

Der Lehrer kann im Gruppenverband mit unterschiedlichen individuellen Leistungen arbeiten. Erklärt er den Schülern zu Beginn der gemeinsamen Unterrichtszeit, daß nicht das schnelle Arbeitstempo am Anfang sondern die regelmäßige saubere Ausführung der Übungen zählt, und dass man am schnellen Anfangserfolg noch lange nicht ablesen kann, wie weit ein Schüler nach fünf Jahren gekommen sein wird, dann nimmt das eine Menge Grundspannung aus der Gruppe. Man versucht, sich als „Klavierfamilie" zu fühlen. Und in einer Familie sind normalerweise alle verschieden. Jeder steht auf einem anderen

Teilstück seiner Lebenswegstrecke. Hat es der Lehrer geschafft, Erfolg und Misserfolg und das persönliche Arbeitstempo der einzelnen Schüler von dem Grad seiner Zuneigung zu trennen, dann sollten leistungsbezogene Eifersüchteleien und negative Konkurrenz eigentlich nicht an der Tagesordnung sein.

Steht nun aber einer der Schüler unter elterlichem Leistungsdruck, kann dadurch das Gleichgewicht in der Gruppe empfindlich gestört werden. Der Lehrer darf sich nicht zum verlängerten Arm der Eltern machen lassen. Er muss alle Kinder gleich behandeln. Über kurz oder lang wird die Folge sein, dass der betreffende Schüler die mildere Gangart seines Lehrers nutzt, um bei ihm stellvertretend für seine Eltern die Leistung zu verweigern.

Die meisten Kinder spüren sehr wohl, ob ein Mitschüler Probleme mit der Durchführung einer Übung hat, weil er nicht kann, oder weil er nicht will. Der erste Fall wird in der Regel emotionslos toleriert. Auf den zweiten könnte mit Verwunderung, Unverständnis, Ungeduld oder gar Nachahmung reagiert werden. Eine ablehnende Haltung der Gruppe wird dann wiederum in den meisten Fällen von dem betroffenen Kind mit motorischer Unruhe, Lautstärke oder gar Aggressivität beantwortet, also mit einem Verhalten, das ihm einen, wenn auch negativen, Platz im Mittelpunkt der Gruppe sichert.

Nun werden solche Strukturen in der Regel nicht von Anfang an sichtbar. Man wird es nach und nach aus Elterngesprächen, Randbemerkungen und dem Verhalten des Kindes herauslesen müssen, wenn häuslicher Druck vorliegt. Die Eltern können erklärtermaßen und mit ehrlicher Überzeugung die Ausübung jeglichen Drucks auf ihr Kind verneinen und trotzdem durch ihre eigene starke Persönlichkeit oder den eigenen Erfolg, also im Extremfall durch ihr So-sein bereits ihrem Kind eine elterliche Erwartungshaltung suggerieren.

Die geringsten Aussichten, die Situation in den Griff zu bekommen, hat man, wenn der dem Lehrer gleichgeschlechtliche Elternteil Auslöser für den Druck ist. Dann hat man als Lehrer wenig Möglichkeiten auszugleichen. Dies wäre eine Indikation, es mit Einzelunterricht und mit einem entsprechenden Lehrerwechsel zu versuchen.

Eine weitere Verhaltensvariante ergibt sich in diesem Zusammenhang, wenn ein solches Gruppenkind einmal richtig geübt hat. Es wird möglicherweise für diese, für die anderen Kinder „normale" Leistung die gesammelte Aufmerksamkeit von Gruppe und Lehrer einzufordern versuchen. Wird ihm diese nicht gleich zuteil, weil die Gruppe sein unerwartetes Arbeitsverhalten nur für etwas Normales hält, während das Kind sich sehr besonders fühlt, reagiert es möglicherweise mit Auffälligkeit.

In weniger heftigen Fällen kann man mit Elterngesprächen Erfolg haben. Nur darf der Prozess dann nicht langwierig werden, da die Gruppe zunehmend unruhiger würde. Schließlich haben alle Kinder ihr Recht auf möglichst erfolgreiche Arbeit.

Unterrichtsbegleitung der Eltern

Auf gar keinen Fall soll hier der Eindruck entstehen, dass es für einen erfolgreichen Unterrichtsverlauf notwendig ist, dass die Eltern sich aus dem Geschehen völlig heraus halten. Mit Ausnahme der Unterrichtszeit findet die instrumentale Betätigung des Kindes so gut wie ausschließlich im familiären Bereich statt, d.h. vor den Augen und Ohren der ganzen Familie. Die Zeit, die dem Lehrer zur Verfügung steht, um mit dem einzelnen Schüler so zu arbeiten, dass die übrigen Tage der Woche bis zur nächsten Klavierstunde sinnvoll verlaufen, ist knapper bemessen als im Einzelunterricht. Das gilt besonders für den Anfang, wenn Lehrer und Schüler möglichst rasch eine brauchbare und vom Schüler angenommene Trainingsroutine entstehen lassen müssen. Wieder zu Hause und sich selbst überlassen steht der Schüler vor der Aufgabe, in seiner Nachbereitung den Anschluss an den Stoff der Klavierstunde zu finden. Es versteht sich von selbst, dass nicht von Anfang an bei allen Schülern diese Mechanismen reibungslos ablaufen.

Wie sieht nun im Idealfall die Rolle der Eltern aus?

Es gibt sehr unterschiedliche Arten von Musikeltern. Man findet die ganze Bandbreite zwischen strenger Führung und Desinteresse. Es ist selbstverständlich, dass beide Extreme ungünstige Voraussetzungen für die Entwicklung eines ausgeglichenen und effektiven Übeverhaltens des Kindes darstellen. Bei Desinteresse der Eltern wird zwar der anfängliche Wunsch des Schülers, ein Instrument zu erlernen, nicht behindert. Aber ohne begleitendes Interesse wenigstens von einem Elternteil bleibt ihm ein Teilbereich seiner Erziehung in eigener Verantwortung selbst überlassen.

Die Eltern helfen ihrem Kind, wenn sie gern beim Üben zuhören und selbst kleine Fortschritte positiv bemerken. Darüber hinaus sollten sie über das Unterrichtsgeschehen so weit informiert sein, dass sie dem Lehrer rechtzeitig Hinweise auf Probleme geben können.

Es wird für nicht klaviererfahrene Eltern ein Einführungskurs empfohlen. Außerdem ist es in dem Projekt erwünscht, dass die Eltern, so oft sie können und mögen, im Unterricht hospitieren, d.h. schweigend zuhören, sofern ihre Kinder dies tolerieren und sie selbst nicht in den laufenden Unterricht eingreifen. Auch von mitgebrachten jüngeren Geschwistern darf keine Unruhe ausgehen. Aber bei Interesse ist es sinnvoll, diese ab und zu bei kleinen Aufgaben in den Unterricht mit einzubeziehen.

Ein neues Musikschulfach Klavier

Für Schüler, die eine persönliche Hoch- oder Höchstleistung als Ziel anstreben und aller Wahrscheinlichkeit nach auch erreichen können, muss es auch in Zukunft die Möglichkeit geben, ausführlichen Einzelunterricht zu erhalten. Die Situation des Musikschulfachs Klavier wird nicht verbessert, wenn diese Schüler nur in Gruppen zusammengefasst werden, besonders wenn dies bei etwas älteren Schülern aus Kostengründen nachträglich geschehen soll. Mit Unterrichts-Zusammenlegungen werden auch die Unterrichtszeiten der Klavierlehrer gekürzt. Vorteile entstehen erst, wenn sich die Zahl der Schüler innerhalb der bestehenden Unterrichtszeiten erhöht.

Wenn also pädagogisch sinnvolle Umgruppierungen stattgefunden haben, müssen für die frei werdenden Unterrichtszeiten mehr Klavierschüler mit entsprechenden Gruppenangeboten für die Musikschule geworben werden. So wird nicht die Menge der Schüler im Fach Klavier aus Kostengründen reduziert, sondern es wird neben dem traditionellen bewährten, auf Einzelleistungen ausgerichteten Klavierunterricht ein Gruppenfach Klavier geben, das ähnlich wie in den Bläserklassen Schüler anspricht, die sonst nicht unbedingt an das Klavier gefunden hätten. Dies bedeutet eine methodische Gleichschaltung des Fachs Klavier mit anderen Instrumentalfächern der Musikschule, die sich bereits auf diesem Weg befinden.

Das Klavier kann damit auch zum Breiteninstrument werden. Der Großgruppenunterricht kann bewirken, dass sich neue Gesellschaftsschichten für den Unterricht am Klavier interessieren. Die beiden Richtungen "Leistungssport" und "Breitensport" am Klavier müssen nicht miteinander konkurrieren. Auf beiden Wegen muss unabhängig voneinander eine natürliche Zielsetzung bis zum Ende der Schulzeit selbstverständlich sein, und dies sowohl inhaltlich als auch leistungsmäßig und auch mit der dafür nötigen ausreichenden Unterrichtszeit.

So ist abzusehen, dass im verbleibenden Einzelunterricht eine prozentuale Qualitätssteigerung zu verzeichnen sein wird, ohne dass die Musikschule zu einer elitären Einrichtung wird. Man kann auf diese Weise allen Schülern besser gerecht werden.

Der Schritt zum Klavier-Klassenunterricht ist dann nur noch klein.

Anhang

Elemantares Technikttraining

Beispiel einer durch alle Musikschul-Altersstufen „mitwachsenden" Fünffingerübung

I. "Crossrad-Bahn"

Ein elementares Anliegen des beginnenden Klavierunterrichtes ist es, die fünf Finger der Hand an den Tastenabstand zu gewöhnen. Es braucht immer wieder einen Anlass, die Schüler zu dieser "Arbeit" zu begeistern. Die Vorstellung, mit dem Crossrad über drei Berge zu fahren, ist ein Beispiel, das besonders von jungen Kindern sofort angenommen wird. Es entstanden je nach Alter und Veranlagung des betreffenden Schülers die unterschiedlichsten Darstellungen für diesen Weg über die Tasten.

Vor der Notenschrift genügt eine Linie, die von den meisten Kindern gern zum Bild ergänzt wird.

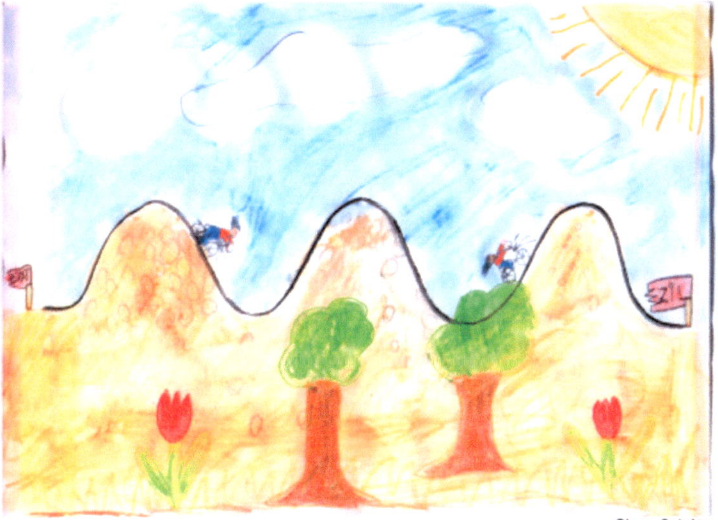

Clara, 6 Jahre

Eine Kette lässt sich mit Fingersätzen versehen oder auch vor der Schulreife farbig anlegen. Im Einzelunterricht kann man sich den "Luxus" leisten, jeden Schüler die Farben für die einzelnen Töne wählen zu lassen. In der Gruppe verzichte ich im allgemeinen auf Farben für alle Töne, um das Gehör einzelner Kinder nicht in eine ihnen nicht entsprechende Richtung zu drängen. Fingersätze sind da unverfänglicher, sofern sie nicht immer auf dieselben Töne bezogen werden.

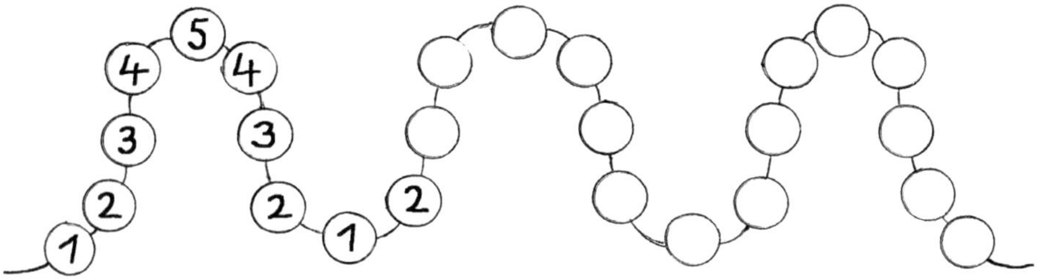

Es lassen sich viele Spiele erfinden, um die Finger oft diese Kette oder Teile davon durchlaufen zu lassen:

Ich lasse die Kinder gelegentlich für kurze Zeit an mehreren Instrumenten gleichzeitig Aufgaben ausführen, wenn der gleiche Tonraum verabredet ist und die Übung keine Höraufgabe enthält.. Sie tun dies gern. Sie fühlen sich im Schutz der Gruppe unbeobachteter, als wenn sie allein vor allen probieren müssten. Nach solch einer kollektiven Kurz-Übephase, muss einzeln kontrolliert werden.

Welche pädagogischen Ziele sind bei diesen Fünf-Finger-Anfangsübungen in der Gruppe besonders wichtig, und wie erreicht man sie am sichersten?

- synchron im Einklang, in Oktaven, in Mixturen

Die Schüler müssen von Anfang an lernen, aufeinander zu hören. Sie sollten so schnell wie möglich lernen, synchron zu spielen. Sie gewöhnen sich schneller daran, auf den Nachbarn zu hören, wenn der Lehrer weitgehend mitspielt und akustisch die Führung übernimmt. Wenn er sich dabei in einer anderen Tonlage befindet als seine Schüler, ist er von ihnen besser zu hören.

- im Wechsel nacheinander, über Kreuz

Es steigert die Konzentration auch ganz erheblich, wenn man eine Übung abschnittweise auf die Spieler verteilt. Für den einzelnen Schüler bedeutet es, dass er zwischen den Teilen, die er selbst zu spielen hat, mit seinen Spielpartnern mitdenken muss. Er muss dabei sehr viel aufmerksamer sein, als wenn er einfach selbst oder mit den anderen gemeinsam die ganze Linie spielt.

Bei sehr kleinen Kindern würde ich die Kette "zerschneiden" und spielend wieder zusammenkleben lassen. Man kann als Vorbereitung am Tisch tatsächlich Papierstreifen mit Noten oder anderen für sie verständlichen Symbolen dafür verwenden.

An den Instrumenten lässt sich dieser Übergang beim Wechsel zwischen den Spielern am leichtesten steuern, wenn er am Taktanfang stattfindet und der erste Ton im Takt von den Nachbarn gemeinsam gespielt wird.

Es muss deshalb jeder seinen eigenen Papierstreifen so zuschneiden, dass beim Zusammensetzen die Anfangs- und Schlusstöne der Teilstücke übereinander geklebt werden können. Dadurch wird deutlich, dass der Übergangston von den beiden benachbart spielenden Kindern gleichzeitig gespielt werden soll, so wie der geklebte Papierstreifen an der Klebestelle auch übereinander liegen muss, wenn er halten soll.

- gespiegelt

Sind die Hände einzeln ausreichend oft die Berge auf- und abgefahren, bietet sich der Spiegel als natürlichste Form für die Kombination beider Hände an.

Wenn die Finger noch schmal genug sind, sollten sinnvollerweise anfangs beide Hände mit den Daumen auf c' oder einer anderen von den Schülern gewählten Taste beginnen. Sobald die Daumen sich auf einer Taste "drängeln" müssten, ist es besser, ihnen eigene Tasten im Terz-Abstand zuzuweisen, z.B. c' und e'. Die dicht nebeneinander liegenden Hände lassen sich von Spielanfängern am leichtesten kontrollieren.

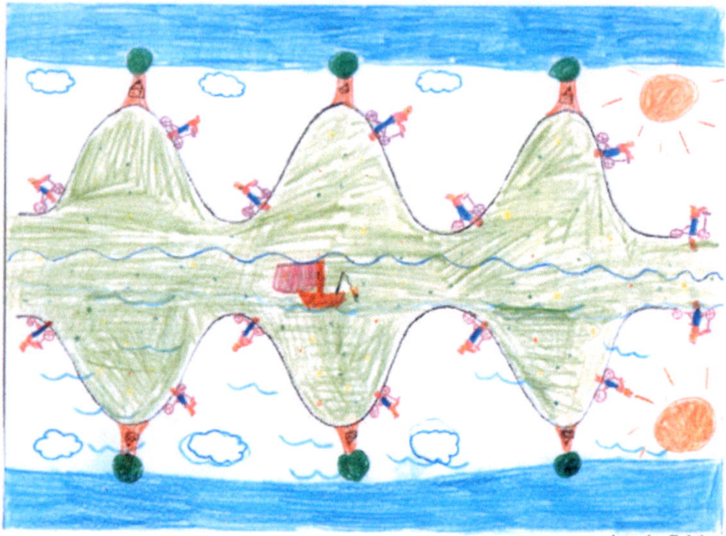

Leonie, 7 Jahre

Können die Schüler den Spiegel in der engen Lage mit einiger Sicherheit spielen, und haben sie es auch schon gelernt, mit ihren Partnern gleichzeitig zu spielen, ist es an der Zeit, die Hände mit größerem Abstand voneinander starten zu lassen. Die Schüler sollten viele unterschiedliche Spielorte für ihre Hände bestimmen und ausprobieren.

Es sollte vermieden werden, dass die Schüler sich in der ersten Unterrichtsphase zu sehr in dem engen Raum um c' festsetzen. Sie sollen als Vorbereitung für die "Kettenübungen" (s. u.) so schnell wie möglich motorisch in die Lage versetzt werden, sich zuzutrauen, die ganze Tastatur zu benutzen, auch wenn sie noch so klein sein sollten, dass sie dies nur im Stehen bewältigen können.

Die meisten sehr jungen Schüler mit der richtigen Standhöhe zum Klavier fühlen sich erfahrungsgemäß besonders wohl, wenn sie ihre Übungen stehend ausführen können und nicht auf dem Hocker an einen Ort gefesselt sind. Es besteht eine größere natürliche Ausgangslockerheit. Es entfallen z.B. Gesichtspunkte wie die Fußbank in der richtigen Höhe (es sei denn man besitzt eine sehr großflächige, verstellbare) oder gar das Angeln der Füße nach der Querstange des Klavierhockers und die lästige Diskussion darüber. Es unterbleibt automatisch die Versuchung, das Körpergewicht irgendwie mit den Händen abstützen zu wollen.

- im Kanon

Die Crossrad-Bahn und ihr Spiegel lassen sich auch sehr leicht zum Kanon umbauen. Dazu sollten die Hände im Oktavabstand auf den gleichen Tönen liegen, am einfachsten natürlich am Anfang nur auf weißen Tasten.

Die meisten Kinder haben schon einmal einen Kanon mitgesungen und können mit einfachen Worten erklären, was sie sich darunter vorstellen.

Um die Aufgabe übersichtlicher zu gestalten, erklären wir zunächst nur den ersten Berg der "Crossrad-Bahn" zum Kanon. Immer zwei Schüler sollen zusammen ausprobieren, wo der zweite Einsatz stattfinden könnte. Es sollte am Ende jeder einmal mit jedem gespielt haben.

Diese Übung kann nicht kollektiv probiert werden, weil die Schüler ihr Gehör aktiv einsetzen müssen. Aber es könnte später eine Hausaufgabe sein, mit sich selbst im Kanon spielen zu üben.

Am einfachsten geht dies natürlich in Anlehnung an den Spiegel. Man lässt den Kanon anfangs am besten einfach am Ende auslaufen.

Auf der Suche nach einem gemeinsamen Schluss ist die folgende kleine Übung im Unterricht entstanden:

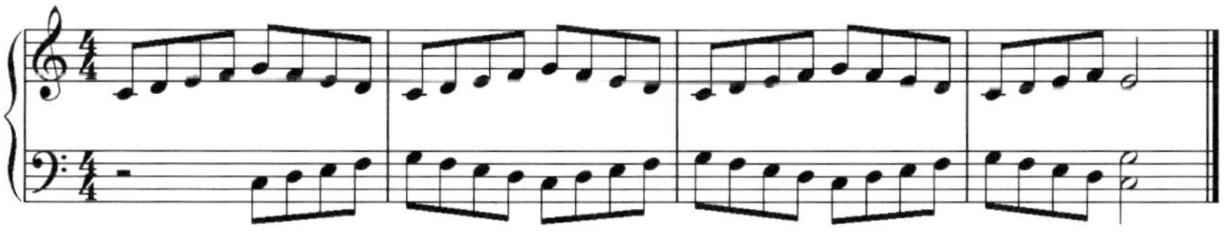

Ist der Bewegungsablauf dieses kurzen "Cross"-Kanons eingeschliffen, lässt er sich auf vielfältige Weise verändern und anwenden.

Bei sehr jungen Schülern entfällt nach Bedarf das g im Schlussakkord. Dann könnte der "Notentext" z.B. so aussehen:

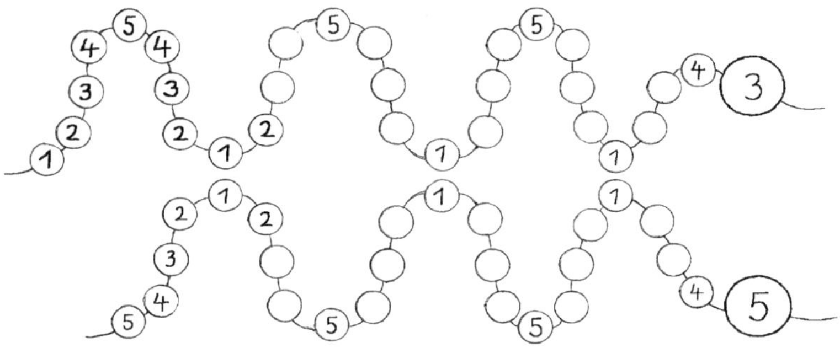

Die größeren Perlen am Schluss werden automatisch als längere Töne verstanden.

Ältere Schüler bekommen den Kanon in Sechzehnteln, zusammen mit einem Blatt möglicher Varianten

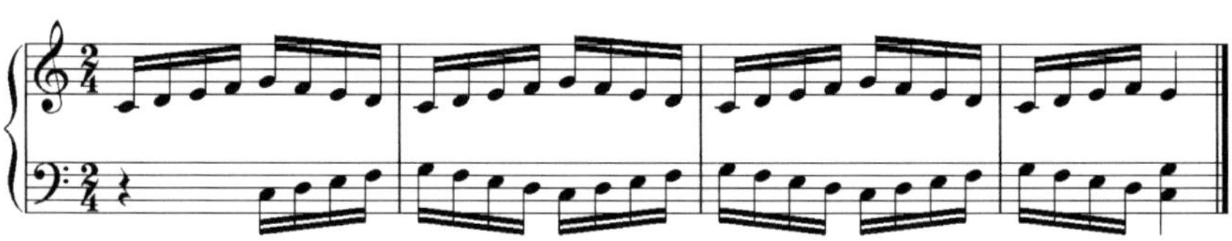

Die Übung sollte immer mit beiden Händen gespielt werden, auch wenn man sie als 4-stimmigen Doppelkanon laufen lassen möchte. Für die Einsatzfolgen sind alle Kombinationen denkbar, bei denen im Achtelabstand eingesetzt wird. Vorschläge der Schüler sind wieder sehr willkommen.

Fordern solche Vorschläge eine halb- oder ganztaktige Einsatzfolge, so sollten auch diese gespielt werden. Die Kinder können dabei aber selbst herausfinden, warum der Kanon dann nicht wirklich mehrstimmig wird.

Da die durchlaufenden Sechzehntel nicht leicht synchron zu spielen sind, sind solche Fassungen aus methodischer Sicht hilfreich. Die Spieler können sie leichter durchhören. Ein willkommener Nebeneffekt ist dabei: das einsatzbedingte Gruppen-crescendo und -decrescendo wird meistens von den Spielern bemerkt.

Will man die Situation noch stärker erleichtern und für einen noch reibungsloseren Kontakt der Spieler untereinander sorgen, dann lässt man sie zwischenzeitlich nur an zwei Instrumenten spielen.

Ist die gedanklich leichteste Einsatzfolge A) besonders in etwas schnellerem Tempo und bei der räumlichen Entfernung der Instrumente voneinander schwer zu realisieren, kann man wieder an zwei Instrumente zusammenrücken und in unterschiedlichen Lagen spielen.

A)

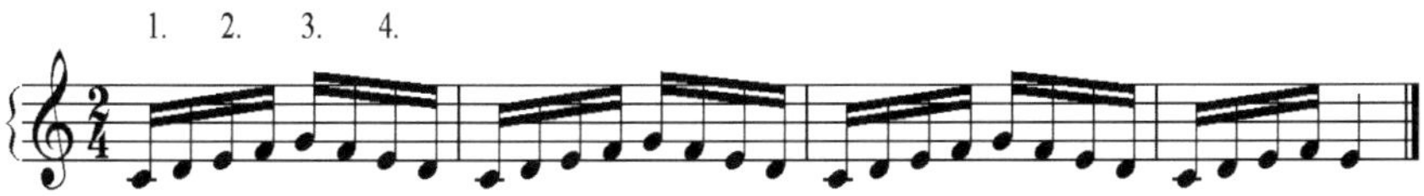

Oder man schiebt Einsatz 3 und 4 in Takt 2 (B). Der Höreffekt ist, außer am Anfang und am Schluss, durch die vielen Verdopplungen beim beidhändigen Spielen identisch.

B)

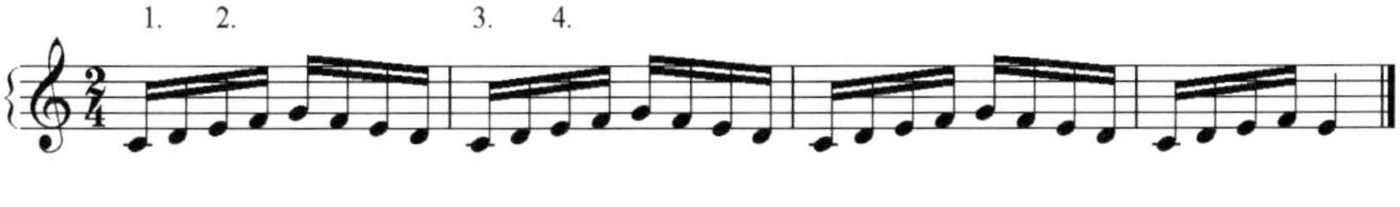

Sehr junge Schüler lassen sich fast immer mit Stickern locken. Da wir eigene individuell gestaltete und am Bedarf des jeweiligen Kindes ausgerichtete Hefte entstehen lassen, sind solche Belohnungen sehr beliebt.

Dabei müssen natürlich Spielregeln ausgehandelt werden Diese sahen beim folgenden Beispiel so aus:

Bei jedem fehlerfreien Durchgang zu Hause wird ein Strich gemacht und zum leichteren Zählen in Fünferpaketen angeordnet. Gegen drei Fünferpakete kann man einen Aufkleber eintauschen. Die "verbrauchten" Pakete müssen dann im Gegenzug eingekreist werden. Die Aufkleber werden zu dem Stück geklebt, mit dem sie erspielt worden sind. Einzige Bedingung: Die Noten dürfen nicht überklebt werden.

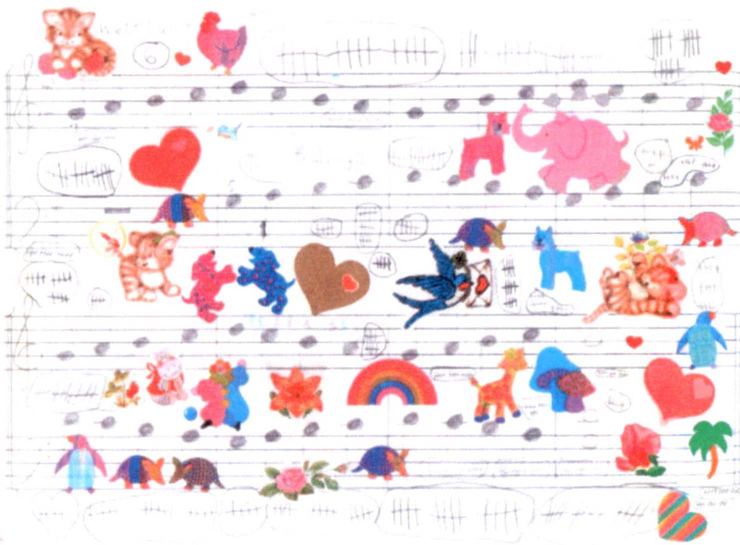

Fritzi, 6 Jahre

Nach so vielen Durchgängen wurde zu Hause überlegt, wie man die Melodie noch anders begleiten könnte. So wurde das folgende Stück in den Unterricht mitgebracht. Es wurde zur Ameisenstraße und zusammen mit einem Mixtursatz für die Gruppenarbeit in die Klavierbahn aufgenommen.

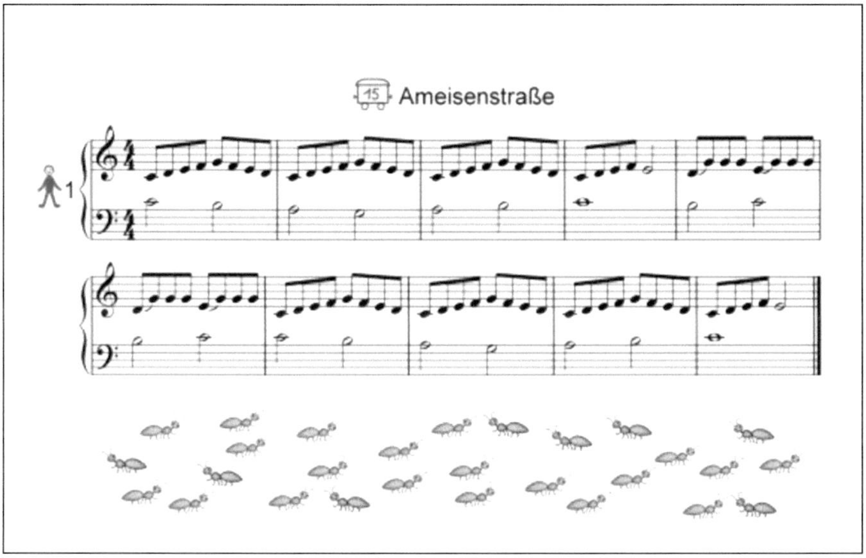

Fibelblatt (Klavierbahn, Heft 3)

Es ist immer wieder gern von anderen Schülern nachgespielt worden. Die Kinder identifizieren sich mit dem Komponisten, wenn er aus den eigenen Reihen kommt.

- nicht nur auf weißen Tasten

Es empfiehlt sich, den kleinen "Crossrad"-Kanon im Verlauf der Unterrichtsjahre nach Bedarf durch alle anfallenden Dur- und Moll-Tonarten und auf jeder Stufe der Ganztonleiter spielen zu lassen.

Auch Fantasie-Leitern der Kinder sind willkommen. Diese werden dabei erfahrungsgemäß vorwiegend symmetrische Griffe wählen.

Auf der chromatischen Leiter wird er zum "Geisterkanon".

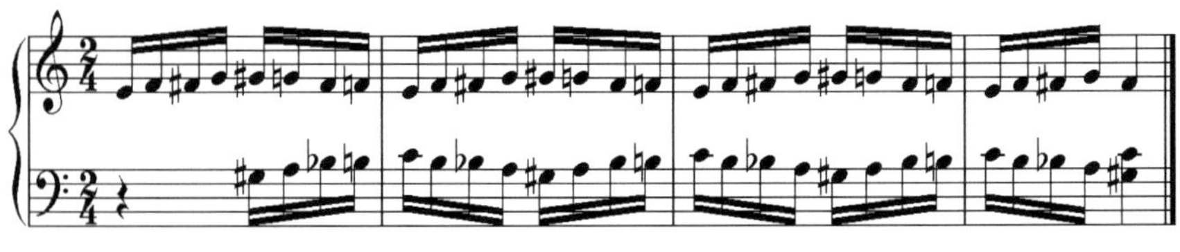

Die schmalen Finger von sehr jungen Schülern können diese Fassung besonders gut bewältigen. Lässt man von Anfang an auf allen – nicht nur den weißen – Tasten spielen, so sind chromatische Tonfolgen, auch mit dem Daumen auf einer schwarzen Taste, für die Schüler etwas ganz Alltägliches.

Hier noch einige Beispiele, wie der Kanon mitwachsen kann:

A) immer die ganze Übung spielen

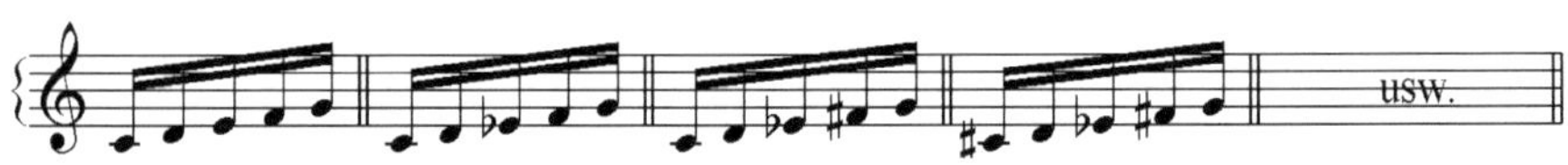

B)

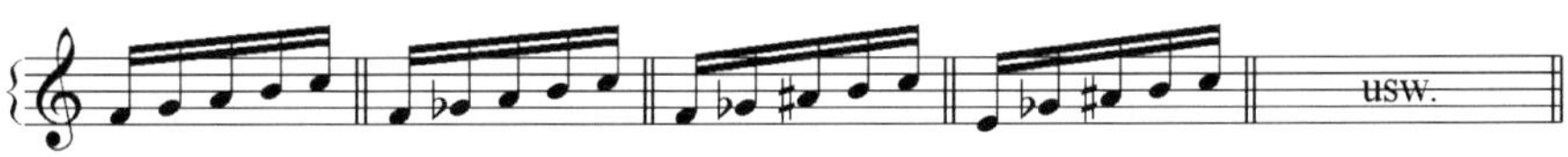

Durch immer wieder leicht veränderte Tonfolgen wird die Beweglichkeit der Finger im Grundgelenk trainiert. Die Schüler werden es lernen, solche Leitern selbst zu entwickeln, je nachdem welcher Griff beim Erarbeiten eines Werkes Training braucht.

Symmetrische Griffe wie im folgenden Beispiel werden gern gespielt, weil sie relativ leicht zu erlernen sind.

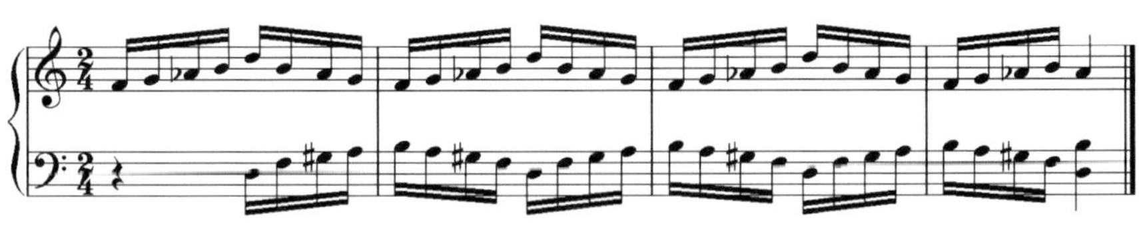

Es sind der Phantasie der Schüler keine Grenzen gesetzt, immer wieder neue Varianten zu erfinden, wie bei diesem Beispiel mit schweifendem Spitzengang in der Melodieführung:

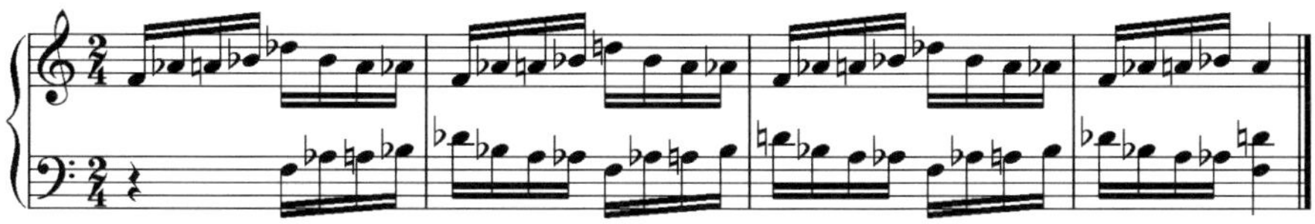

Unbequeme Griffe werden in Kauf genommen, wenn das Ergebnis interessant klingt. Solche Aufgaben werden mit einer Mischung aus klanglicher Neugier und sportlichem Ehrgeiz angegangen.

Es kommt nicht selten vor, dass aus erfundenen Übungen kleine Kompositionen entstehen, oder dass für eine Komposition bewusst nach einer passenden Übung gesucht wird.

2. „Eisbär-Ringelnatter"-Kanon

Neben tonalen Veränderungen ist es selbstverständlich sehr sinnvoll, mit unterschiedlichen Notenwerten gleichzeitig zu arbeiten.

Eine bewährte Methode, Schüler Rhythmen erfahren zu lassen, stammt aus der Musikalischen Früherziehung. Dort werden Notenwerte und einfache rhythmische Formeln über den Sprachrhythmus am Beispiel von Tiernamen geübt.

Wir übernehmen aus dem Programm vier „Eisbären" und vier „Ringelnattern", die wir immer abwechselnd über die Berge wandern lassen.

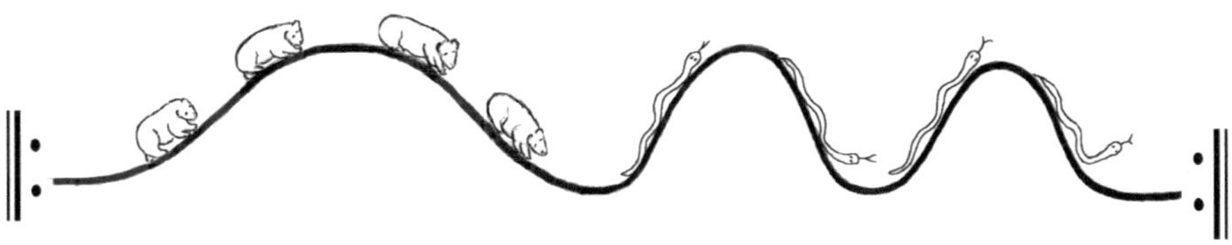

Ein Kanon Eisbären gegen Ringelnattern entsteht wie von selbst.

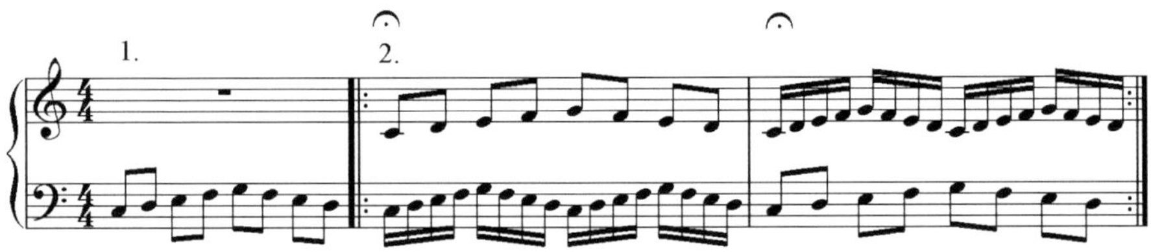

Es lässt sich bei dieser kleinen Kanon-Übung bereits mit einer von den Kindern gespielten Begleitung arbeiten. Dazu steigen vier Eisbären mit großen Schritten auf einen hohen Berg.

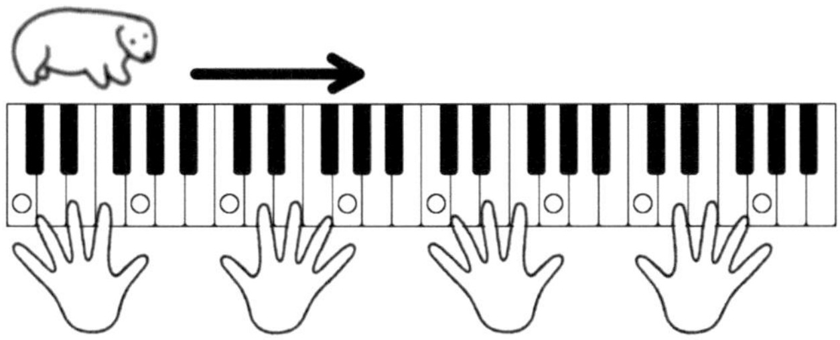

Es hängt davon ab, ob die Schüler in anderem Zusammenhang bereits Quintgriffe gespielt haben, wie ausführlich diese Begleitung vorgearbeitet werden muss, bevor sie unter den folgenden kleinen Eisbär-Ringelnatter-Kanon gelegt werden kann:

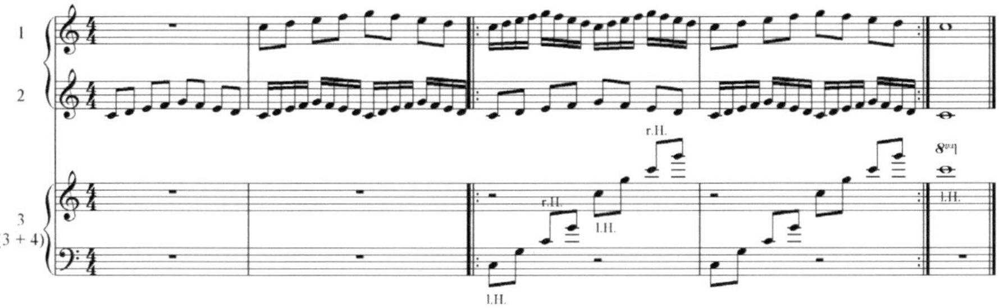

Folgende Arbeitsschritte bieten sich an:

- Vier Kinder spielen je mit einer Hand die Eisbärenkette:
  - Vier Kinder spielen an einem oder höchstens zwei Instrumenten mit nur einer Hand je einen „Eisbär" in der oben auf der Tastatur vorgegebenen Reihenfolge.
  - Man kann nach Bedarf eine kurze kollektive Übephase am Instrument oder auch am Tisch einschieben, falls es den Kindern noch schwer fällt, den 1. und 5. Finger abzuwechseln.
- Vier Kinder spielen an zwei Instrumenten die Eisbären mit je zwei Händen:

- Zunächst muss jeder Schüler allein beidhändig in Folge zwei Eisbären spielen lernen. Hierzu bietet sich wieder eine kurze kollektive Übephase an.
- Können von allen Schülern die Einzelteile allein sauber gespielt werden, kann die Eisbärenkette nun zweihändig zusammengesetzt werden
- Es wird meistens nötig werden, die Übergänge zwischen den Nachbarn paarweise vorzuproben.

• Die Eisbärenkette wird unter den zweistimmigen Kanon gelegt:

  - Hat man es geschafft, dass die Kette von nur noch zwei Kindern (an einem Instrument!) dargestellt werden kann, lässt sie sich als Ostinato unter den kleinen Eisbär-Ringelnatter-Kanon legen.

• Hausaufgabe: Zwei Stimmen zusammen übernehmen.

  - Schaffen es die Kinder, in der nächsten Stunde mit sich selbst im Kanon zu spielen sowie die Begleitung mit wechselnden Händen allein zu bewältigen, kann synchron gearbeitet oder auch durchgekoppelt werden.
  - Es erhöht die Konzentration der Gruppe, wenn dann nicht immer in der selben Reihenfolge oder auf der selben Tonhöhe eingesetzt wird.

Die Trainingszeit lässt sich wirkungsvoll verlängern, wenn die Übung wie die „Crossrad-Bahn" auf unterschiedlichste Weise transponiert und verändert wird.

- Bitonale Fassungen fördern die Konzentration und das Gehör.
- Mit zunehmender Griffsicherheit kann man die Begleitstimme taktweise schweifen lassen (s.u.). Dies gelingt relativ leicht, wenn die Quinten von zwei Kindern zweihändig an nur einem Instrument gespielt werden. Das zuerst spielende Kind sucht die Töne

für den nächsten Takt, während das zweite spielt – und umgekehrt. Die Kanonstimmen verlassen während dessen nicht ihren Tonraum. Lässt man die Begleitung nun stufen- und taktweise von c nach e und wieder zurück wandern, dann entstehen Reibungen. Die Praxis hat gezeigt, dass die Kinder diese Dissonanzen stets akzeptieren. Sie spielen erkennbar aufmerksamer und verpassen nicht den „Heimathafen“, wenn sich alle Stimmen wieder bei c treffen.

Sind mehr Kinder an der Übung beteiligt, so kann man den Kanon halbtaktig einsetzen lassen:

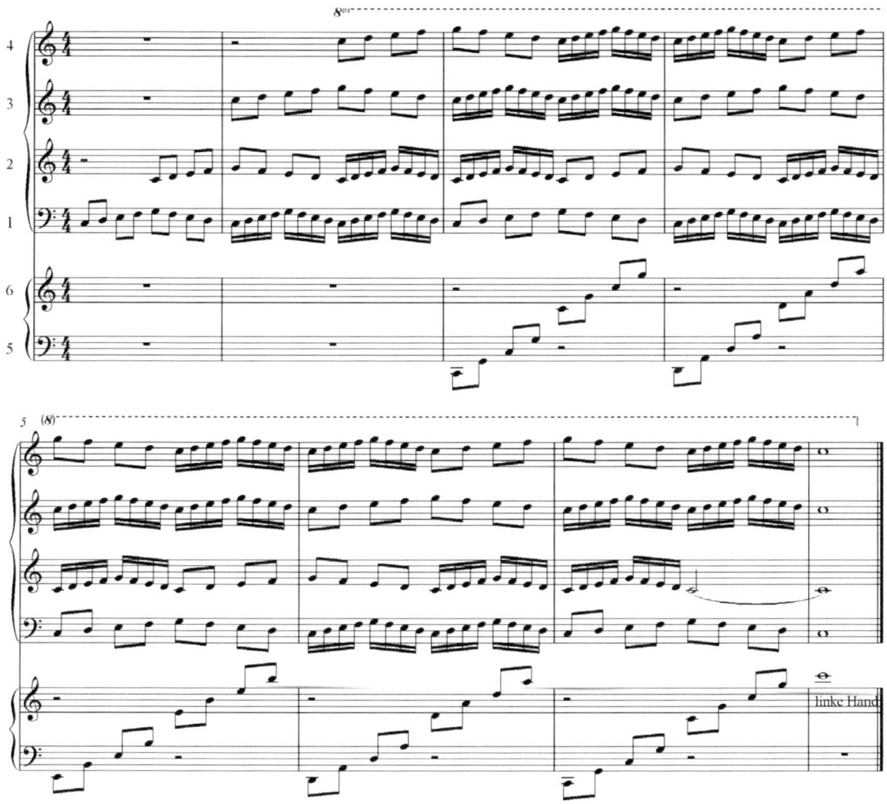

Will man diesen Satz mit nur drei Schülern darstellen, müssen beim Kanon die Stimmen folgendermaßen getauscht werden:

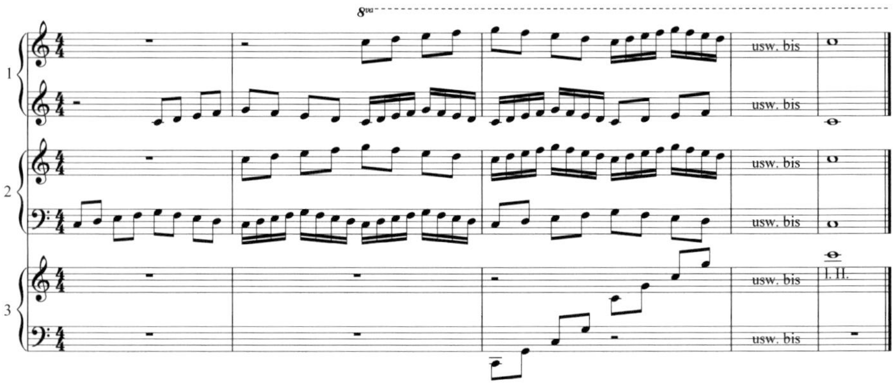

Der halbtaktige Kanoneinsatz ist für einen Schüler allein meistens zu schwer. Ihn nach allen Regeln der Kunst trotzdem zu arbeiten und zu lernen, macht zu diesem Zeitpunkt wenig Sinn, da die Übung nur einen technischen Anlass hat.

3. „Geburtstagsweg“

Wenn die Finger schon gelernt haben, etwas schneller zu laufen, kann der Weg verlängert werden. Es kommen noch sechs „Krabbelkäfer“ und eine „Maus“ für den Schlusston dazu. Dann wird der Kanon schon dreistimmig.

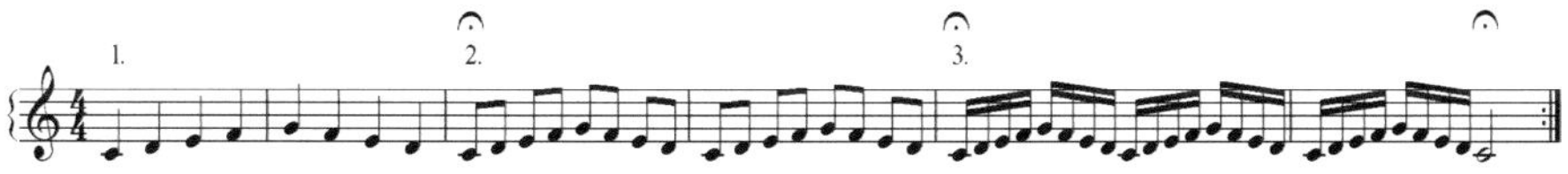

Es ist je nach Bedarf selbstverständlich sinnvoll, den Kanon einhändig durch alle vorangegangenen Varianten der kürzeren Fassung spielen zu lassen, die an dieser Stelle aber nicht aufgezählt werden.

Bei jungen Schülern sieht der Weg dann erst einmal so aus:

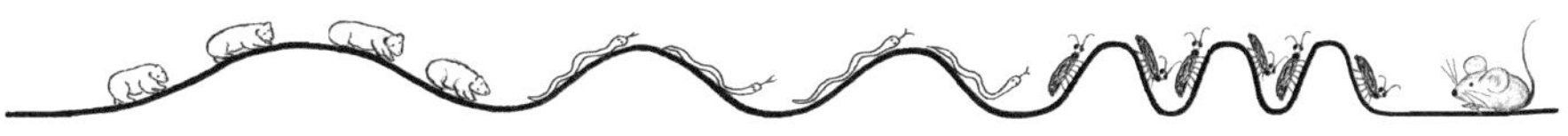

Die Maus hat Geburtstag. Die geladenen Gäste müssen über die Berge wandern, um mitfeiern zu können.

Die genaue Folge der Notenwerte muss zu diesem frühen Zeitpunkt noch nicht bewusst gemacht werden. Es ist besser, die Schüler den Rhythmus erst optisch und akustisch erfahren zu lassen. Sie sehen ihr „Notenblatt“ mit dem „Geburtstagsweg“, hören und sehen den Lehrer spielen und singen mit ihm gemeinsam die Tiernamen zu seinem Spiel. Spätestens jetzt, oder wenn sie sich bemüht haben, mit den Krabbelkäfern über die Berge zu flitzen, fühlen sie, was Sechzehntel sind.

Später, wenn die Kette halbwegs läuft, sollte man natürlich die Notenwerte auf das Papier bringen und beim Namen nennen.

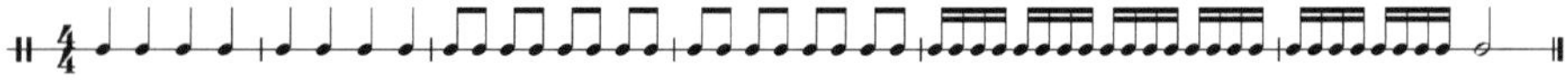

Viertel, Achtel und auch Halbe sind meistens aus der Früherziehung bekannt. Die Sechzehntel haben sie erfahren. Was noch bleibt, ist ihnen den Doppelbalken einprägsam zu verdeutlichen. Dazu sind die Krabbelkäfer geradezu prädestiniert, die sich mit zwei mal zwei Armen anfassen müssen um auf ihrer schnellen, engen Bergstrecke nicht zu straucheln.

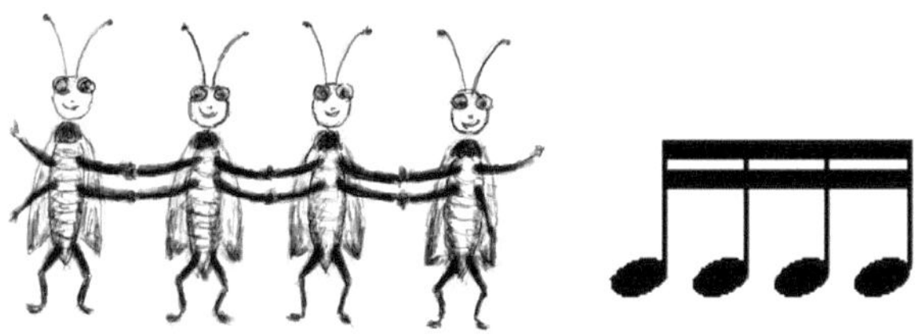

Man kann diesen kleinen technischen Kanon mit soviel Kindern spielen, wie Hände auf die Klaviere passen. Es könnte dann halbtaktig eingesetzt werden.

4. „Geisterrutsche“ und „Nachtwächterlied“

In Projekten mit fortgeschrittenen Schülern lassen sich mit dem „Geburtstagsweg“ vergnügliche Sätze wie „Geisterrutsche“ und „Nachtwächterlied“ erarbeiten. Die Sätze sind aus sehr einfachen Elementen zusammengesetzt, erfordern aber, will man sie zum Klingen bringen, viele saubere Durchgänge, was wiederum technisch von Vorteil ist.

Satz 1:

Dieser kleine Satz zur Übung ist auch von etwas jüngeren Schülern mindestens teilweise darstellbar. Die sechstaktige Linie sowie ihre tonale Verfremdung (s.S. 103), lässt man sinnvollerweise zunächst als Kanon spielen, indem die drei Stimmen aneinandergereiht werden. Die oberste Stimme beginnt. Sie übernimmt dann die Metronomfunktion für die nachfolgenden langsameren Stimmen.

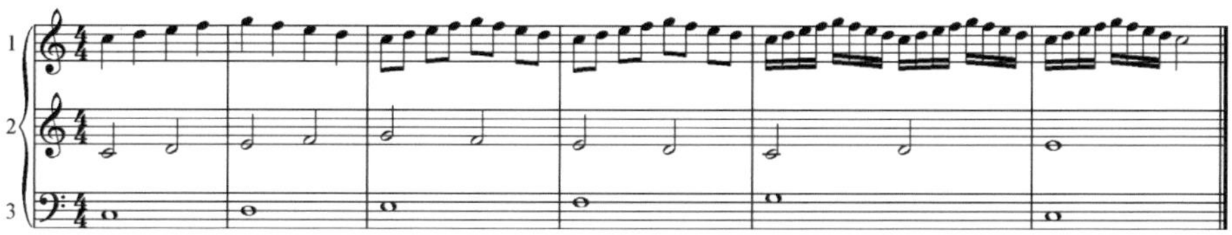

Kann der Kanon sicher gespielt werden, ist auch die Darstellung als dreistimmiger Satz kein Problem. Er sollte sehr bald auf anderen, auch wieder neu erfundenen, Leitern gespielt werden. Jeder neue Vorschlag, der probiert wird, erhöht die Sicherheit.

An dieser Stelle bietet sich ein kleiner Exkurs an: Wenn die Schüler noch bei keiner anderen Unterichtseinheit über selbständige Stimmführung reflektiert haben, so kann man sie hier die Vergrößerungen des Themenkopfes erkennen lassen.

Besonders bei jungen Schülern ist es wichtig, dass die Analyse stets erst nach dem praktischen Umgang mit der Musik erfolgt, so wie auch die Entwicklung der Motorik besser vor dem intellektuellen Umgang mit dem Instrument gestärkt werden sollte. Auch auf emotionaler Ebene sollte erst agiert und danach reflektiert werden.

Der chromatische Begleitsatz (s.u.) ist für etwas ältere Schüler gedacht. Sie können die chromatische Leiter in aller Form auf bewährte traditionelle Weise arbeiten. Jeder Kollege hat dafür seinen eigenen Vorzugsweg. Ziel ist es, den Satz so stabil zu spielen, dass er den kleinen dreistimmigen nicht zum Wackeln bringt, den drei sehr viel jüngere Schüler dazu spielen können.

Wenn die jungen Spieler für ihren Satz eine andere oder eine Fantasieleiter gewählt haben, dann beginnen die chromatischen Leitern ebenfalls mit dem gleichen Anfangston.

Ist es für jüngere Schüler noch zu schwer, die chromatische Leiter wie auf Seite 103 vierstimmig zu spielen – es gelingt spätestens in ruhigem Tempo nach Trainingseinheiten mit der Geisterbahn (s. S. 128 ff) –, dann reicht es auch schon, wenn eine oder zwei Leitern gegen den dreistimmigen Satz gespielt werden. Bei nur zwei Leitern ist der leichteste Einsatzabstand zu Beginn des zweiten Taktes.

Für junge Schüler werden die chromatischen Gegenstimmen zur „Geisterrutsche" auf dem Mäusegeburtstag. Und da sind dann natürlich viele Wiederholungen angesagt.

Gibt es eine Möglichkeit, den gekoppelten Satz im Unterricht vorzuspielen, z.B. mit einem entsprechenden Programm auf einem Computer-Bildschirm, damit der Notentext optisch mitläuft, bevor man ihn arbeitet, dann wird er zur Höraufgabe. Der kleine Ausgangssatz (s.o.) müsste allerdings vorher bekannt sein. Lässt man dann erst den Begleitsatz allein und danach den kleinen Satz (s.u.) darüber klingen, werden auch von jungen Kindern spätestens am Satzende die übrig bleibenden Krabbelkäfer erkannt, selbst wenn sie in so exotischer Verkleidung auftreten:

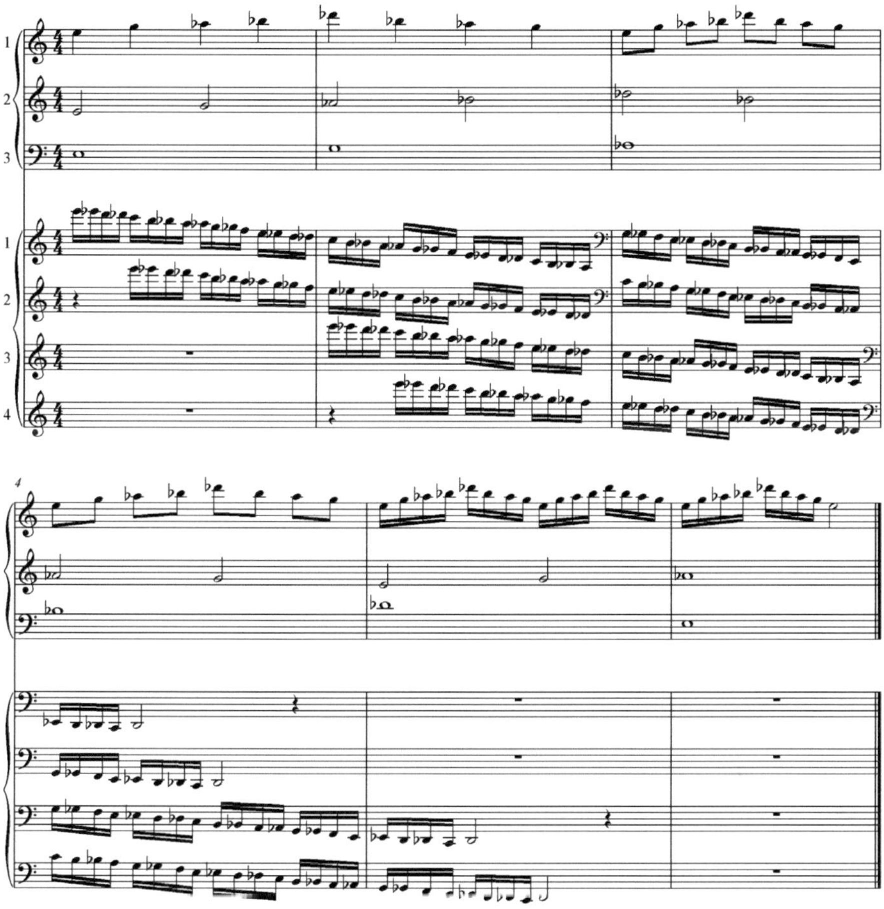

Satz 2:

Der Satz über das alte Nachtwächterlied „Hört ihr Herrn und lasst euch sagen" (s. S.109) war eigentlich als Klavierorchesterprojekt mit etwas älteren Schülern oder auch Eltern gedacht. Er ist trotz seiner Elfstimmigkeit in der Gruppe erlernbar. Es sind einige sehr leichte Stimmen enthalten, so dass auch junge Spieler oder ungeübte Eltern beteiligt werden können. Zwei Schülergruppen zu kombinieren, eine ältere und eine jüngere, ist ebenfalls sinnvoll. Den Begleitsatz nur zum Training zu nutzen über dem Liedsatz, den der Lehrer dann dazu spielt, hat Vorteile. Wenn fortgeschrittenere Schüler zweistimmig polyphon spielen können, kann man den Satz mit nur vier Spielern an vier Instrumenten realisieren.

Es gibt also unterschiedliche Besetzungsmöglichkeiten, und ich gehe im folgenden davon aus, dass im Normalfall vier Instrumente zur Verfügung stehen:

- Klavierorchester:

  Im Klavierorchesterprojekt hat man viele Spieler und wenig Zeit. Es ist sinnvoll, wenn ein angemessenes Tempo erreicht werden soll, dass jeder Spieler nur eine Stimme spielt.

  Sind für die Darstellung des Begleitsatzes drei Klaviere frei, so spielen je an einem Instrument:

  Spieler I + IV ; II + V ; III + VI

  Stehen nur zwei Instrumente zur Verfügung, dann macht es Sinn, Klavier 1,2 und 5 nach oben zu oktavieren.

  Es passen dann folgende Spieler zusammen an das gleiche Instrument:

  Spieler I (linke Hand), III (rechte Hand) + IV (rechte Hand)
  und
  Spieler II (linke Hand), V (rechte Hand) +VI (rechte Hand)

  Es bleiben also für den Liedsatz ein oder zwei Instrumente frei.

- Gemischte Gruppe:

  Die Fortgeschritteneren spielen den Begleitsatz, die Jüngeren das Lied. Oder alle tun etwas für die Geläufigkeit ihrer Finger und bemühen sich um den Begleitsatz. Das Nachtwächterlied kann dann später nur aus dem cantus firmus, mit oder ohne Quintmixtur bestehend, von den Jüngeren oder im Satz von beispielsweise nur einem fortgeschrittenen Spieler allein dazu gespielt werden:

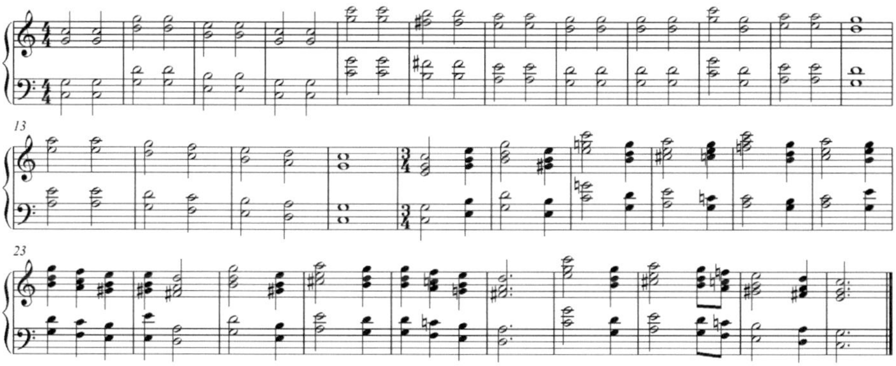

- Nur vier fortgeschrittene Schüler:

Wenn drei der Spieler je zwei Stimmen des Begleitsatzes übernehmen sollen, ohne dass sich die Stimmen beim Spielen überschneiden, dann bietet sich folgende Stimmverteilung an:

Spieler I – Klavier 1 + 4
Spieler II – Klavier 3 + 5
Spieler III – Klavier 2 + 6

- Mit gemischten Instrumenten:

Eine farbige Ausführung gibt es noch, wenn das Lied von anderen Instrumenten, je nach Verfügbarkeit von Streichern, Bläsern (Bläserklasse) oder von beiden gespielt wird. Es müssen jedoch ein paar Voraussetzungen erfüllt sein, um die Aktion erfolgreich umzusetzen:

1. Alle Beteiligten müssen rhythmisch sehr sauber vorgearbeitet haben.

2. Wenn mit Streichern gespielt wird, braucht man für die dritte Stimme des Liedsatzes einen sehr intonationssicheren Geiger.
3. Auch im Bläsersatz kann es ratsam sein, wegen der Intonation nur das Lied oder zusätzlich die mitlaufenden Quinten spielen zu lassen.

Folgender methodischer Weg bietet sich an:

Begleitsatz:

Da die Stimmen im Fugato bis auf die letzten Takte vor dem Halbschluss (Takt 16) völlig identisch gebaut sind und in allen Stimmen nur die weißen Tasten benutzt werden, können sie unisono auf einer gemeinsamen Tonhöhe gleichzeitig vorbereitet werden.

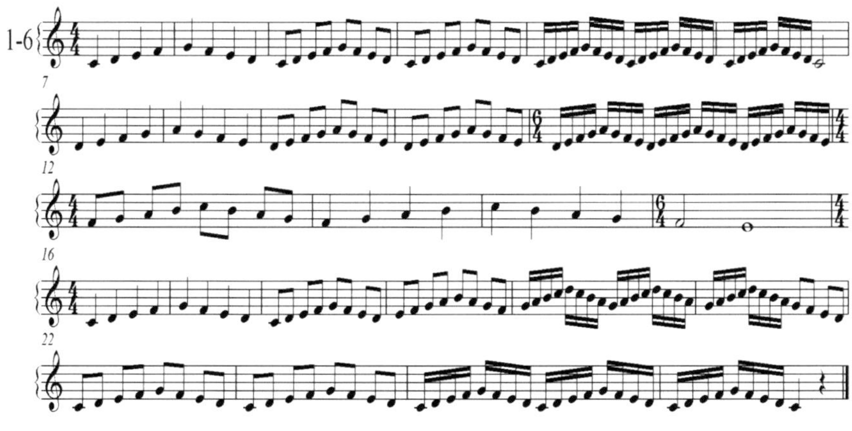

Mit zunehmender Sicherheit lässt man die Schüler einen nach dem anderen auf der für seine Stimme vorgesehenen originalen Tonhöhe spielen, bis der ganze Begleitsatz als Mixtur homophon abläuft.

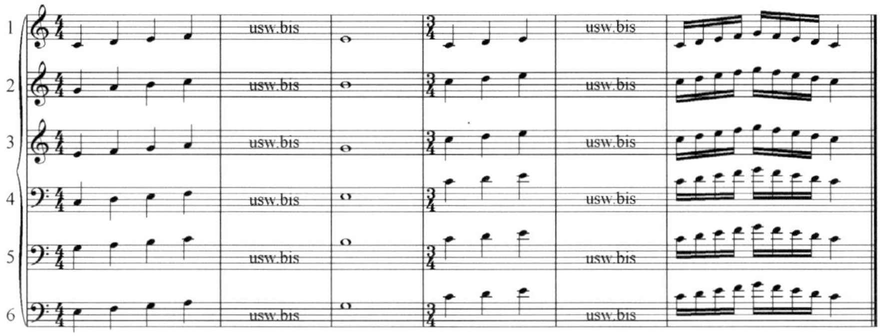

Beim Halbschluss ist durch den gemeinsamen Schlussakkord ausreichend viel zeitlicher Spielraum vorhanden, um in allen Stimmen den neuen Startton für den zweiten Teil zu finden.

So bleiben nur noch die folgenden drei Takte vor zu proben, bevor die Stimmen wieder nach und nach als Kanon zusammengesetzt werden können:

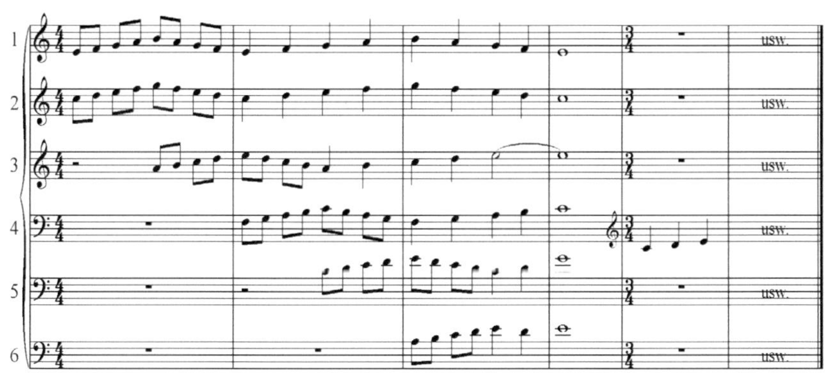

Nachtwächterlied

Es muss nicht sofort im Satz geübt werden. Es reicht völlig, anfangs, d.h. so lange bis der Begleitsatz sicher läuft, nur den cantus firmus zu spielen, am besten mehrfach oktaviert. Es richtet sich nach den Fähigkeiten der Schüler, wie man dann den Liedsatz schrittweise harmonisch füllt, auf wieviele Kinder man ihn verteilt, oder ob man einfach beim cantus firmus bleibt und evtl. selbst die fehlenden Harmonien dazu spielt.

Wenn den Schülern die Spannung zwischen dem 3/4- und dem 4/4-Takt im zweiten Teil des Liedes noch nicht aufgefallen ist, kann man es ihnen jetzt bewusst machen.

Schafft es die Gruppe, nach und nach gemeinsam eine angemessene „Zielgeschwindigkeit“ zu erreichen, so sind die Schüler bei der Entwicklung ihrer Motorik auf angenehme Weise einen großen Schritt vorwärts gekommen.

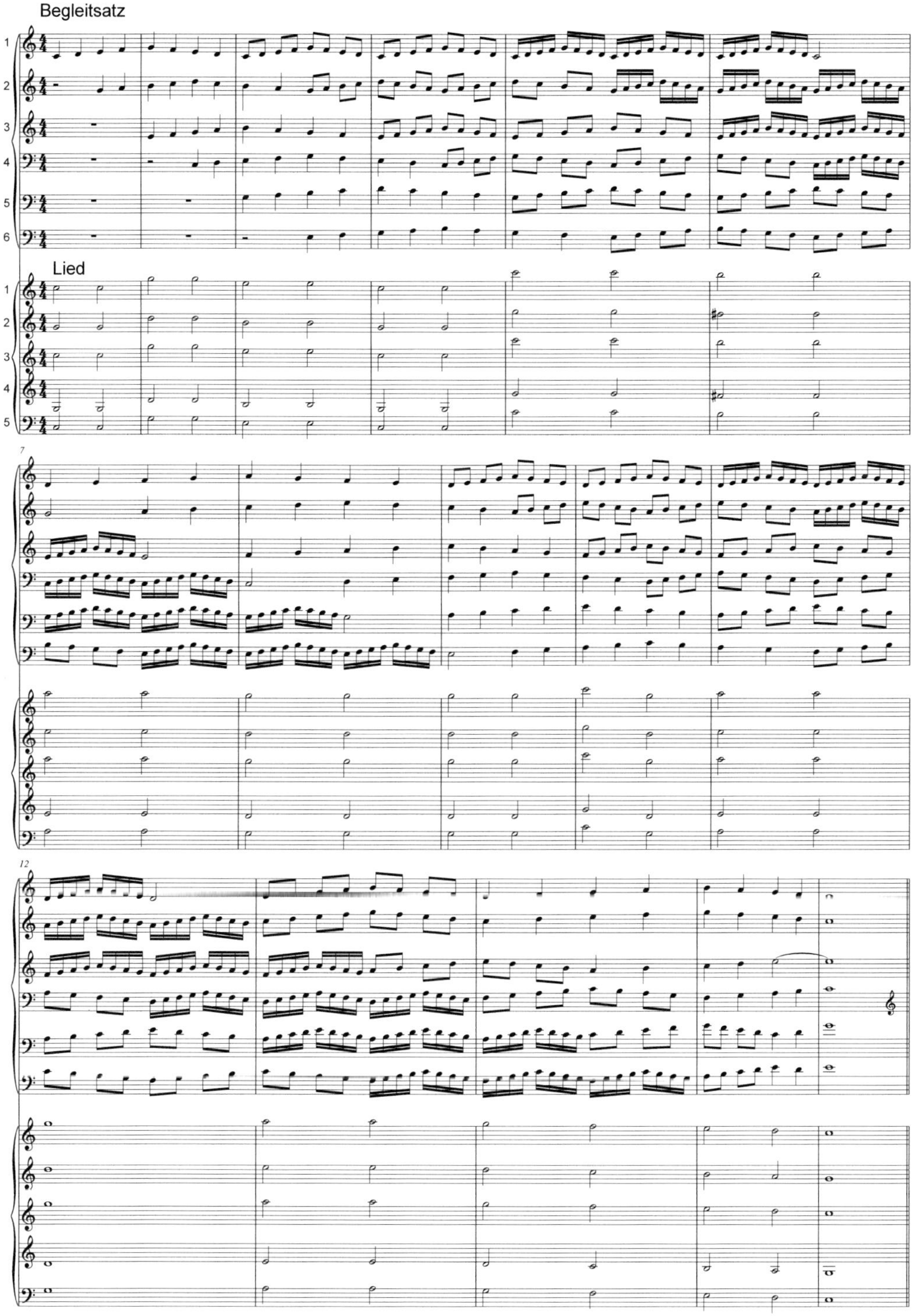
Begleitsatz
Lied

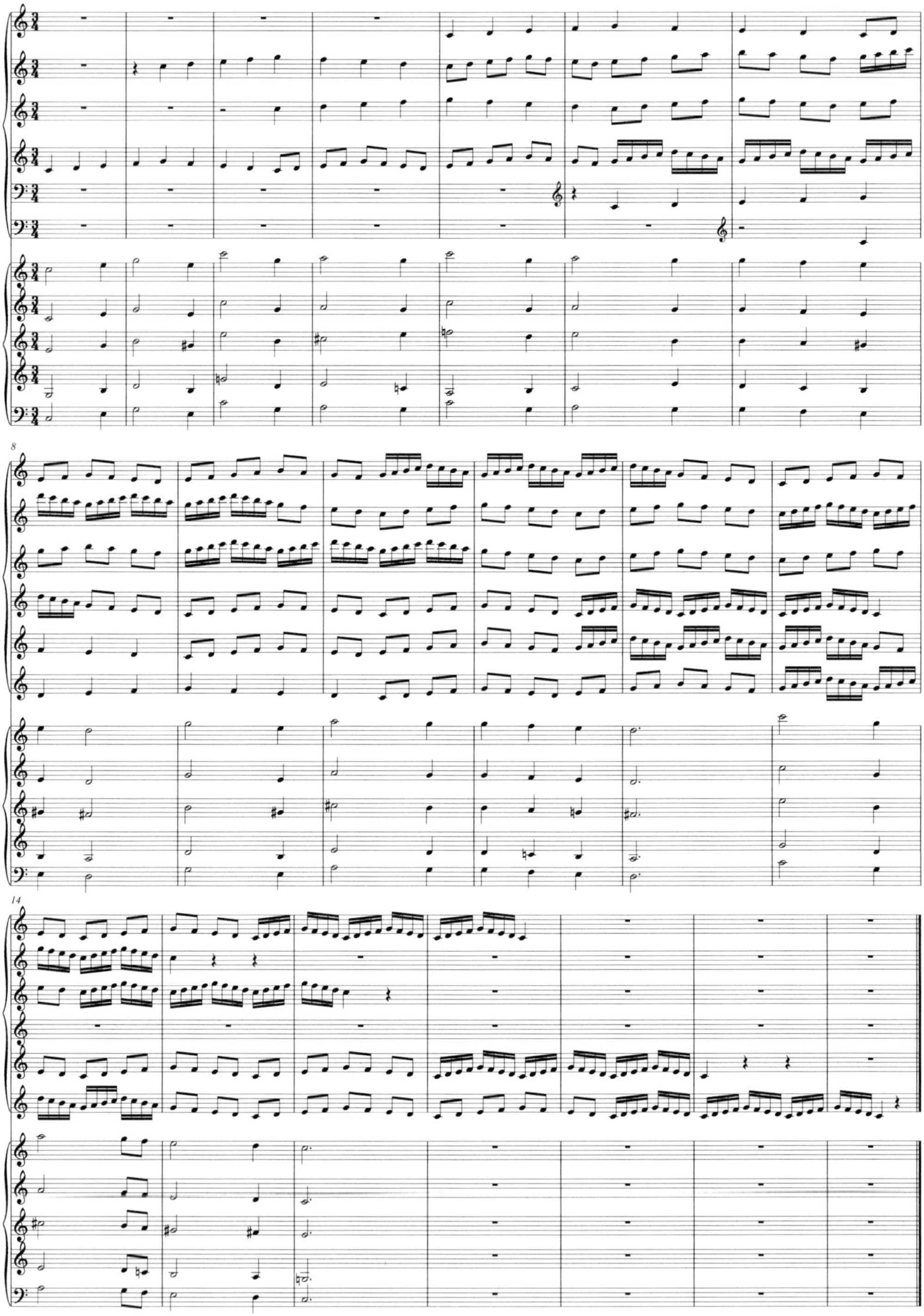
8
14

5. „Schlingelbahn“ – Beispiel einer Kettenübung

Der Name dieser Übung ist im Unterricht mit einer sehr jungen Schülerin im Kindergartenalter entstanden, als sie plötzlich verstand, dass der zweite Finger, eben der „Schlingel“, am Anfang der Figur immer in die falsche Richtung lief, und so unsere „Crossrad-Bahn“ anfing, über die Tasten zu wandern. Der Name blieb, und um die kleine Grundübung herum sind im Laufe der Jahre immer wieder Begleit- oder Gruppensätze entstanden. Die meisten wurden während des Unterrichts nach den Bedürfnissen der Schüler entwickelt.

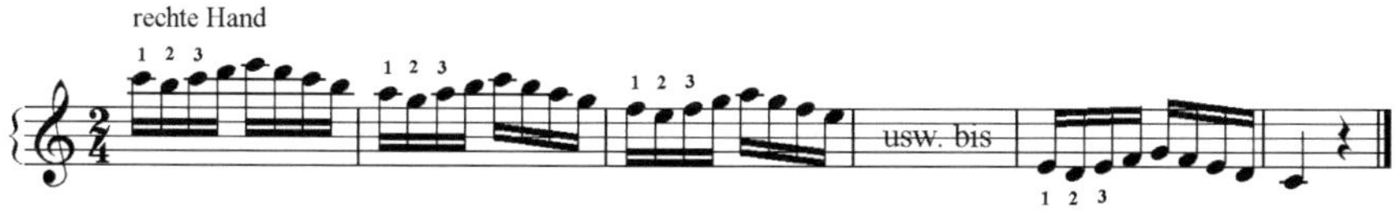

Die Übung wird bei jüngeren Schülern zunächst einhändig einzeln trainiert, bis die Ausführung zur Zufriedenheit des Lehrers im ruhigen Tempo beherrscht wird. Es empfiehlt sich, mit der rechten Hand zu beginnen – bei Linkshändern umgekehrt verfahren – und immer wieder die volle Länge der Tastatur abwärts – bzw. aufwärts – zu fahren.

Fast alle Kinder werden sich als Haltestelle für den Schlusston automatisch ein c wählen, selbst wenn sie so jung sind, dass sie die Tasten noch nicht benennen können.

Auch wenn die kleinen Finger noch nicht die Kraft haben, eine gleichmäßige Tonkette zu spielen, sollte der Lehrer sehr bald seinem Schüler „nachfahren“. Er kann ihn am besten stützen, wenn er zunächst synchron eine Oktave über seinem Schüler spielt, oder mit zunehmender Sicherheit des Schülers ihm im 2.Takt in der Oberdecime folgt. Er wird von seinem Schüler in der höheren Tonlage besser gehört, als wenn er in einer tieferen Lage mitspielt. Er wird zum klingenden Metronom, das sich nach Bedarf soweit an seinen Schüler anpassen kann, dass dieser zwar eine gewisse Führung fühlt, aber nicht die Niederlage zu fürchten lernt, er könnte aus der Spur fliegen.

Der Lehrer erreicht auf diese Weise dreierlei: Er stärkt das Selbstbewusstsein seines Schülers, der erfährt, dass es nicht schwer ist, sicher am Ende einer Übung anzukommen. Er bereitet das Gruppenhören vor, und er hat seinen Schüler erfahren lassen, wie viel Freude es bereitet, gemeinsam zu üben.

Alle Schüler – das zeigt die Erfahrung – wollen sofort bereitwillig die Übung wiederholen, wenn sie unten mit ihrem Lehrer auf einem Wohlklang gelandet sind. Es ist ein wenig wie beim Rodeln. Man zieht den Schlitten gleich wieder den Berg hoch, um noch einmal hinunterfahren zu können.

Bevor es in die Gruppenübung gehen kann, sollte die Übung erst auch mit der linken Hand gearbeitet werden. Nur mit der vorbereiteten „Schokoladenhand“ ins Gruppentraining zu gehen, birgt die Gefahr, dass die andere – meist linke – vernachlässigt wird.

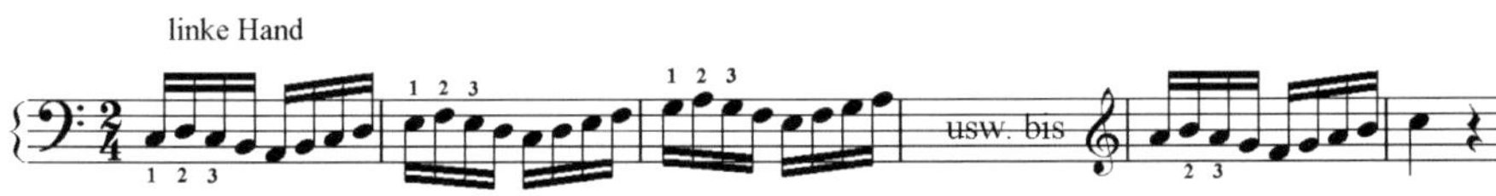

Nach dem Erfolg mit der rechten Hand tun sich manche sehr junge Spieler etwas schwer, sich die gespiegelte Linie der linken Hand in der tiefen Lage vorzustellen. Ein einfacher Trick schafft hier Abhilfe. Kann der Schüler die Übung mit der rechten Hand ausreichend sicher ausführen, so kann man ihn beide Hände gleichzeitig von außen nach innen spielen lassen. Kinder rechnen gern selbst aus, wo sie mit den Händen beginnen müssen, wenn am Ende beide Daumen in der Klaviermitte auf c‘ landen sollen.

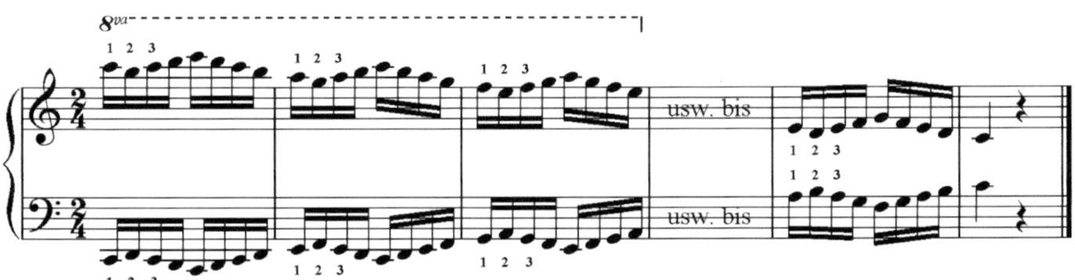

Für Kinder sind symmetrische Bewegungen etwas sehr Natürliches, auch wenn es vorkommen kann, dass bei einem sehr jungen Schüler vier Oktaven der maximalen Spannweite seiner ausgebreiteten Arme entsprechen.

Wichtig ist nur, dass der Schüler beim Spielen zunächst ausschließlich auf die linke Hand sieht. Dann übernimmt die rechte Hand meist automatisch die Funktion des „Lehrers", ohne die linke gleich aus der Spur zu werfen.

Nach dieser Vorarbeit, die bei Schülern vor der Schulreife besser im Einzelunterricht erfolgt, kann man diese vorsichtig in die Gruppenarbeit führen. Je nach der Hörfähigkeit der Kinder kann man zwei, drei oder gar gleich vier Kinder zusammen bestellen. Die Dauer des Unterrichtes muss sich nach der Konzentrationsfähigkeit der Kinder richten. Je besser vorgeübt worden ist, umso länger halten die Kinder durch.

Es ist von Vorteil, wenn die Kinder sich gut kennen, auch schon einmal „außermusikalisch" miteinander gespielt haben. Dann werden sie die gemeinsame musikalische Gruppenaktion in die gleiche Schublade tun. Für den Lehrer bedeutet dies einen Motivationsgewinn bei den Schülern. Handelt es sich um den ersten Gruppenkontakt am Instrument, so müssen gemeinsam Spielregeln verabredet werden.

Hat der einzelne Schüler in der Vorbereitungsphase gelernt, wie er sich beim Spielen an seinen Lehrer anpassen kann, so kann man dieses Prinzip auf die Gruppenschüler untereinander übertragen. Folgender Arbeitsweg empfiehlt sich:

Die Schüler spielen die erste Übung synchron, erst paarweise, zu zweit und zu dritt mit immer wieder getauschten Rollen, bis die Ausführung zu viert möglich ist.

Man lässt die Schüler am besten in der gleichen Lage spielen. Dann kann sich der Lehrer, falls er stützend dazwischengreifen muss, wie im Einzelunterricht eine Oktave höher, möglichst am Instrument des unsichersten Schülers, Gehör verschaffen.

Benötigen die Schüler die oktavierte Stütze des Lehrers nicht mehr, kann die folgende Gegenstimme die „flexible“ Metronomfunktion übernehmen.

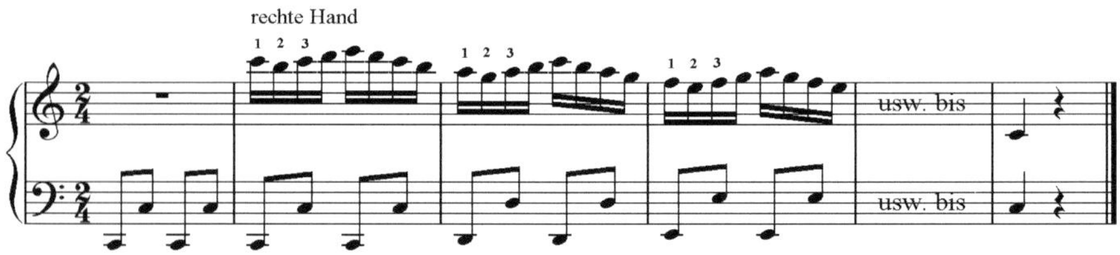

Jeder Schüler sollte die Gegenstimme gespielt haben. Sind die Oktaven – auf beide Hände verteilt – zu schwer, erfüllen Tonwiederholungen mit einer Stütze des Lehrers oder eines zweiten Schülers, vielleicht sogar am selben Instrument gespielt, den gleichen Zweck. Wichtig ist nur, dass jeder Schüler die Achtelkette gefühlt hat, bevor der Lehrer durch die Vorgabe eines neuen Metrums im 1.Takt das Tempo anziehen kann.

Nach dieser Gruppenvorübung sollte die „Schlingelbahn“ als Kanon gelingen, erst zwei- dann dreistimmig und wieder mit Rollentausch. Die Schüler setzen taktweise nacheinander ein. Sie sollten den Kanon in allen denkbaren Einsatzfolgen üben und ihn anfangs möglichst in voller Länge nacheinander auslaufen lassen.

Steht nur ein Klavier zur Verfügung, kann nach oben und unten oktaviert werden. Wenn die Einsätze von unten nach oben erfolgen, die tiefste Stimme also beginnt, dann haben die Spieler mehr Platz vor der Tastatur.

Sehr junge Schüler mit der entsprechenden Körpergröße finden es auch sehr interessant, wenn es so eng wird, im Stehen zu spielen.

Will man die „Metronomstimme“ darunter legen, so muss zuvor ein gemeinsamer Schlussakkord verabredet und geprobt werden. Wieder lässt man die Schüler ausrechnen, welcher ihr persönlicher Schlusston ist.

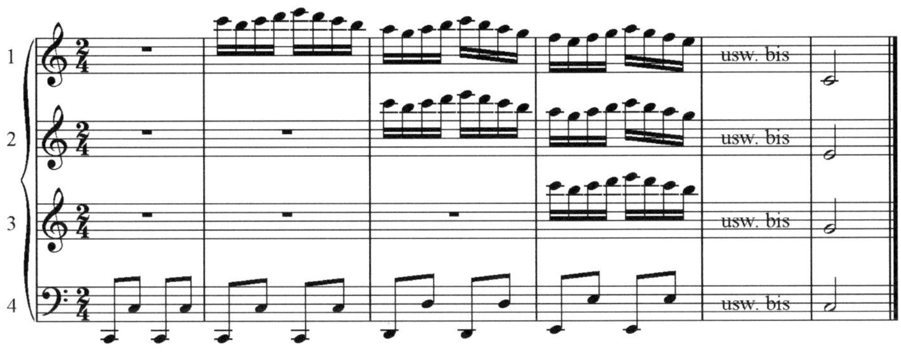

Damit der Klang nicht zu dick wird und ein Durchhören für die Schüler möglich bleibt, muss der Kanon zunächst im Einklang nur über zwei Oktaven laufen, damit sich keine Überschneidungen mit der Gegenstimme ergeben.

Haben sich die Schüler an die Mixturen des dreistimmigen Kanons gewöhnt, so kann man sie parallel je auf einem Ton eines verabredeten Anfangsakkordes beginnen lassen, mit der Aufgabe, den gleichen Akkord zwei oder vier Oktaven tiefer gemeinsam wieder zu erreichen. Je harmonischer der Anfangsakkord ist, umso leichter werden junge Spieler diese Aufgabe bewältigen.

Der Reiz mit „interessanten" Akkorden an den Start zu gehen ist groß. So hatten vier ältere Schüler die Idee und es dann auch geschafft, die Linie auf vier benachbarten Tasten ins Ziel zu bringen.

Ein weiteres sehr beliebtes Gruppenspiel entsteht, wenn ein gemeinsames accelerando oder ritardando auf die volle Länge einer solchen geübten Mixtur verteilt wird. Je jünger die Schüler sind, umso farbiger werden die Geschichten ausfallen, die sich um diese Aufgabe herum spinnen lassen.

Bei einer entsprechenden Gelegenheit ist eine der wichtigsten Gruppenregeln entstanden: „Nicht wer zuerst, sondern wer gleichzeitig ankommt ist Sieger!"

Spätestens wenn die Metronomstimme unter den Kanon gelegt worden ist, und man damit das Tempo regulieren d.h. bremsen oder nach und nach in die Höhe treiben kann, entsteht eine Stimmung wie beim Mannschaftssport. Dabei sollte man aber darauf achten, dass die linke Hand halbwegs den gleichen Leistungsstand erreicht hat wie die rechte.

Die Übungen lassen sich exakt spiegeln:

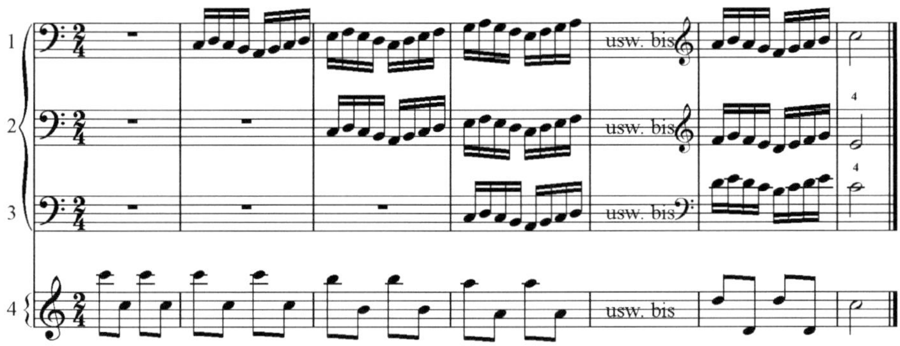

Man kann auch den gleichen methodischen Weg gehen. Die Kinder werden ihn wiedererkennen. Dadurch wird Zeit gespart.

Haben es alle Kinder geschafft, eine Achtelkette gegen den Sechzehntelkanon durchzuhalten, kann man eine einfache Tonleiterübung dazwischenschieben, die später mit der Grundübung gekoppelt werden kann. Es ist das Ziel, eine C-Dur-Tonleiter zu spielen, die jeweils den dreistimmigen Kanons in Achteln entgegenläuft. Die Achtel der „Metronom-Oktaven“ werden dann sinnvollerweise zu Vierteln (s.u. S. 119). Für die Tonleiter werden am besten eigenständige Übungen eingeschoben.

Leitern sind noch fast neu zu diesem Unterrichtszeitpunkt. Alle Schüler sollen herausfinden, wie sie am besten schrittweise auf den weißen Tasten vier Oktaven – bzw. drei „Haltestellen“ weit – gehen können.

Diese technische Knobelei kann gleichzeitig im akustischen Schutz der Gruppe ausprobiert werden. Die Phase darf allerdings nicht zu lang sein, und es müssen hinterher alle Ergebnisse einzeln abgefragt werden.

Auf dieser Leistungsstufe sollte jeder Fingersatz gelten dürfen, bei dem die Hände natürliche lockere Greifbewegungen machen. Trotzdem gibt es wie immer einige, die besonders günstig sind.

1.Beide Hände wechseln sich ab:

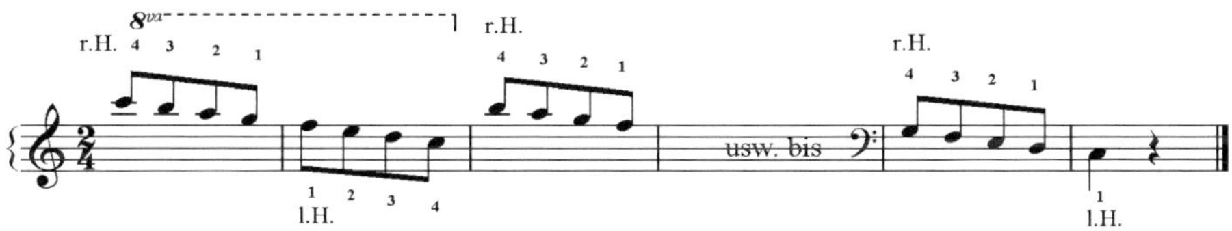

Aus dieser Leiter lässt sich eine vorzügliche Gruppenübung basteln. Bevor ein Schüler die ganze Leiter allein spielt, wird sie auf die Gruppe verteilt. Es gibt sieben Vierergruppen und einen Schlusston. Man kann die Kinder selbst Vorschläge machen lassen, wie sie diese Tongruppen auf die Hände der Spieler I-IV verteilen möchten. Was irgend machbar ist, muss probiert werden. Aufgabe ist es, gemeinsam die Leiter so zu spielen, dass es möglichst wie ein Spieler klingt. Erfahrungsgemäß muss der Lehrer dabei helfen, dass die Hände in die richtigen Oktaven gelegt werden, weil der Übergang zwischen den Instrumenten nicht ganz einfach ist. Es ist lustig, wenn die Schüler zu zweit an je einem Instrument sitzen und sich taktweise abwechseln, z.B. in den Reihenfolgen:

I l.H.– II l.H. – I r.H.– II r.H. – III l.H. – IV l.H. – III r.H. – IV r.H.
oder:
I l.H. – II l.H. – III l.H. – IV l.H. – I r.H. – II r.H. – III r.H. – IV r.H.

Solche „akrobatische“ Übungen sind beliebt. Es müssen aber die Töne von allen Spielern vorgegriffen werden, wenn die Übung klappen soll. Die obere Übung kann bei kleinen Kindern sogar mit einiger Mühe an einem Instrument laufen, sofern die Kinder mitdenken und sich gegenseitig Platz machen.

Hat man diese „Zirkusübung“ an zwei Instrumenten geschafft, kann sie gleich an vier Instrumenten probiert werden. Das Greifen geht auf diese Weise leichter, es muss aber besser aufgepasst werden, wegen der größeren Entfernung.

Es ist jetzt nur noch ein kleiner Schritt, bis jedes Kind zwei oder mehr aufeinanderfolgende Takte auch mit einer Hand spielen kann.

Es spornt die Schüler sehr an, wenn der Lehrer die Leiter auch allein vorspielt, aber nur so langsam, dass alle Kinder es nachvollziehen können. Spätestens dann – das zeigt die Praxis – sind sie nicht mehr zu halten und wollen alles allein schaffen.

Es ist gut, wenn dieser Wunsch nicht zu früh provoziert wird, damit der Versuch nicht unnötig in einem Misserfolg endet.

Wenn der Lehrer schon zu diesem Zeitpunkt immer wieder die zweite Gegenstimme (5) dazu spielt, kann er damit bremsen.

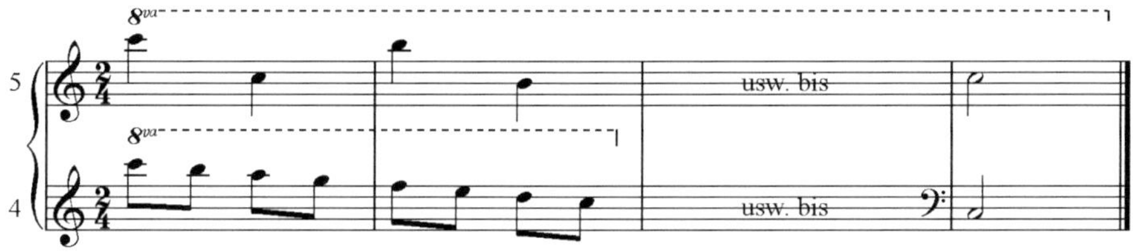

2.Eine Hand spielt die ganze Leiter:

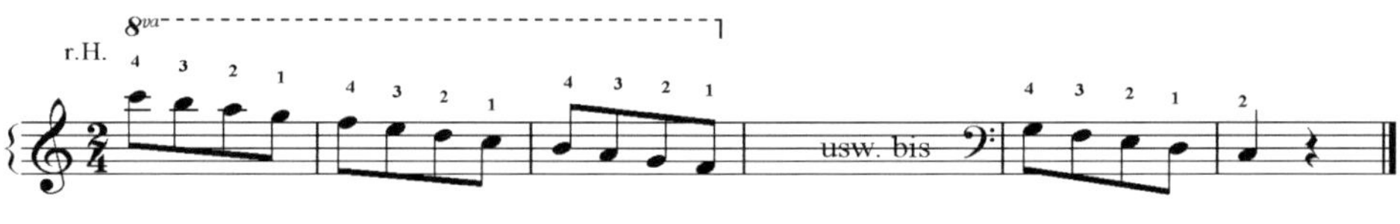

Auch aus dieser Übung kann man sehr einfach eine Partnerübung machen. Die Aufteilung wäre dann wie bei der oberen Übung im vorigen Beispiel. Es wird erst an einem, dann an zwei bzw. vier Instrumenten gespielt.

I – II – I – II – III – IV – III – IV
oder
I – II – III – IV – I – II – III – IV

Der einzige Unterschied zu der vorigen Übung ist, dass die Schüler immer nur mit der rechten Hand spielen. Die Leiter wird nach den Vorübungen mit dem anderen Fingersatz schneller laufen. Ist sie flüssig, gehört sie als Gegenstimme zu dem dreistimmigen „Schlingelbahn“-Kanon:

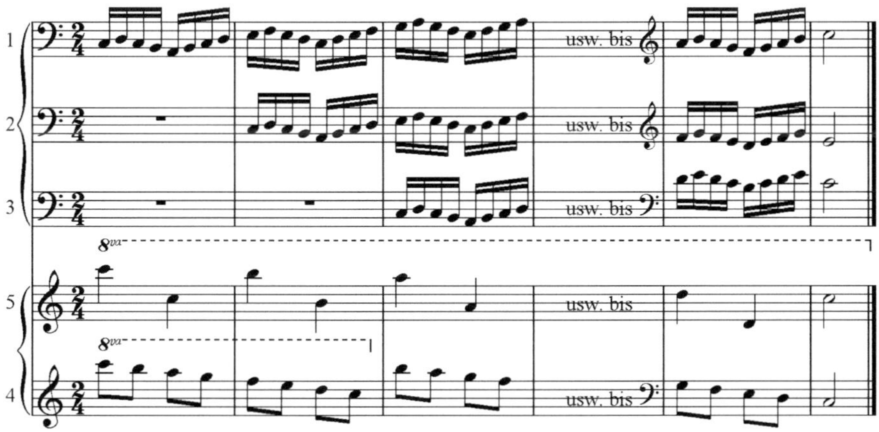

Die Schüler spielen jeder an einem Klavier. Die Stimme für den Lehrer oder auch einen Gastschüler passt über den zweiten oder den dritten Schüler.

Die Übung lässt sich ohne Probleme für den abwärtslaufenden 3-stimmigen „Schlingelkanon“ umkehren.

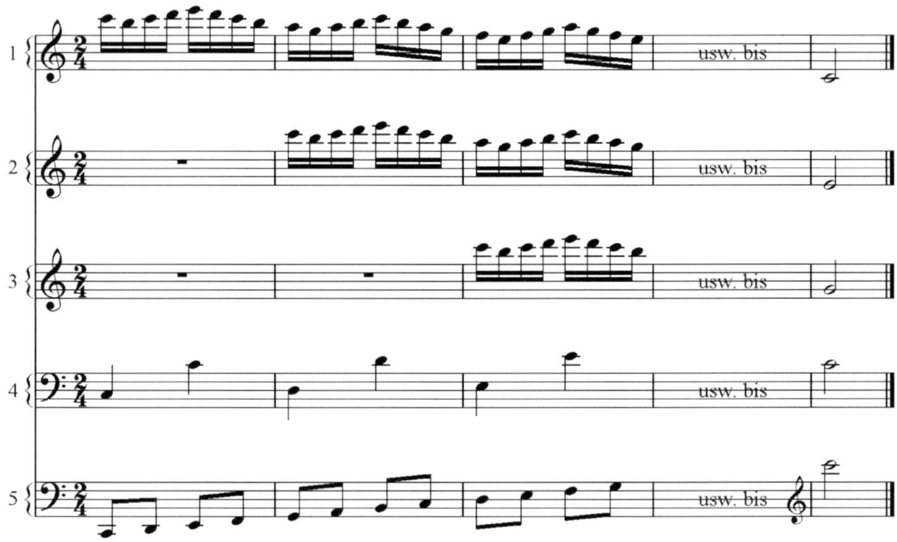

Nach der intensiven Arbeit mit der linken Hand ist die gespiegelte Version für beide Hände sehr schnell zum Laufen zu bringen.

Läuft die Schlingelbahn in beiden Händen ausreichend flüssig und wird die Metronomstimme nicht mehr unbedingt benötigt, so kann man versuchen, die gespiegelte Fassung im Kanon zu spielen.

Es empfiehlt sich, den Spiegelkanon so lange mit dem a-moll-Schluss zu spielen, bis eine befriedigende technische Sicherheit erreicht ist. Will man dann noch weiter trainieren, kann man das cis präsentieren. Ist das cis erst einmal eingeführt, wird es für längere Zeit der favorisierte Schlusston bleiben.

Man kann einen jungen Anfänger fragen, wo er mit der Übung beginnen muss, wenn er mit seinen beiden Händen auf a und cis' ankommen möchte. Er wird es nach kurzer Bedenkzeit meistens richtig sagen.

Viele weitere Durchgänge werden begeistert mitgespielt, verabredet man als Schlussakkord einen Zufallsakkord, was immer mit viel Heiterkeit verbunden ist. Jeder Schüler spielt am Schluss einen Ton nach seiner Wahl. Es klappt nicht immer sofort, dass dieser Akkord gleichzeitig kommt. Die Spieler müssen sich erst daran gewöhnen, dass sie noch während des Laufes einen Ton oder später auch zwei oder mehrere Töne gedanklich fixieren müssen, um pünktlich zu sein,

Die sich nun anschließende Übungskombination zur Schlingelbahn lässt sich erst ausführen, wenn die Gruppenmitglieder einzeln den einfachen Spiegel mit beiden Händen sicher spielen können.

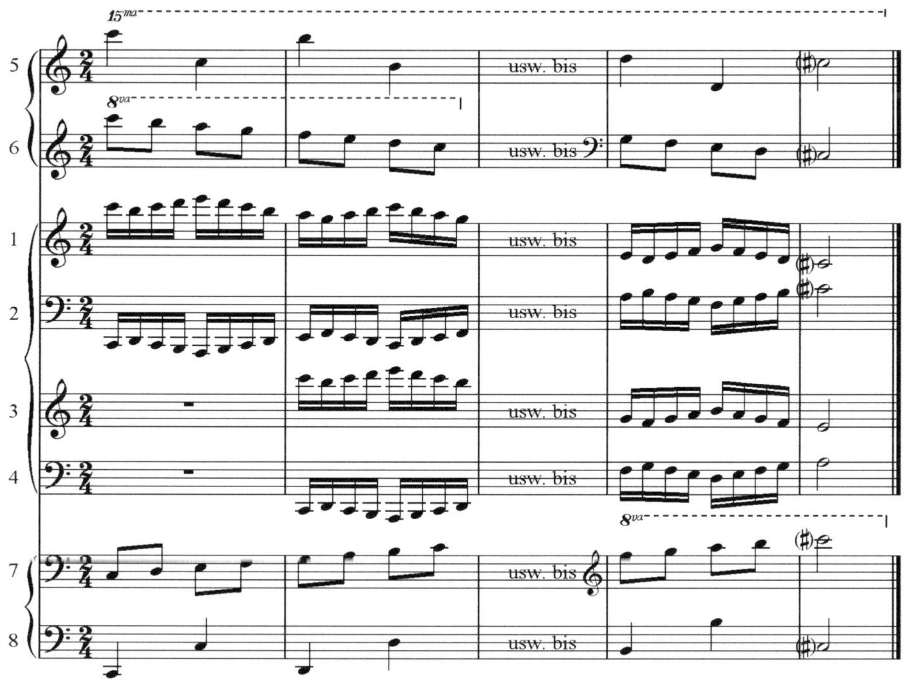

Begleitakkorde:

Die „Schlingelbahn“ ist eine der Kettenübungen, deren Grundmotiv in Terzen sequenziert wird. Verläuft die Linie abwärts, kann man sie mit der folgenden Akkordkette begleiten. Sie ist bei den Schülern sehr beliebt, nicht zuletzt, weil sie sehr leicht zu erlernen ist.

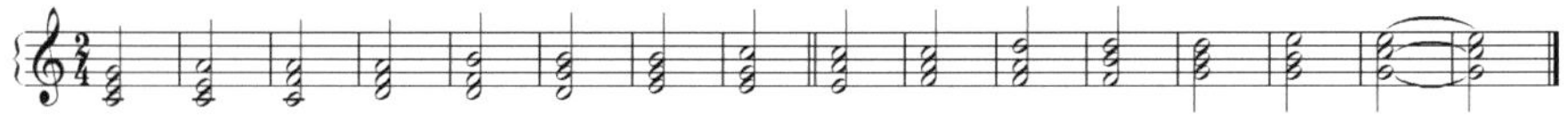

Die meisten Schüler versuchen dann zu Hause über zwei Oktaven „Schlingelbahn“, sich selbst damit zu begleiten, bis sich ihre Hände in der Klaviermitte treffen.

Einige kleine Extremsportler fahren weiter bis über vier Oktaven und kreuzen dabei die Arme bis zum Anschlag. Sie haben auch schon unter dem Flügel gesessen und mit beiden Händen rückwärts über dem Kopf gespielt.

Bei der Ausführung sind viele Varianten denkbar. Man sollte die Vorschläge der Schüler gemeinsam ausprobieren.

Fügt man noch eine Basslinie hinzu, so kann man aus der Übung eine Einspiel- oder Intonationsübung für ein Vor-Orchester machen.

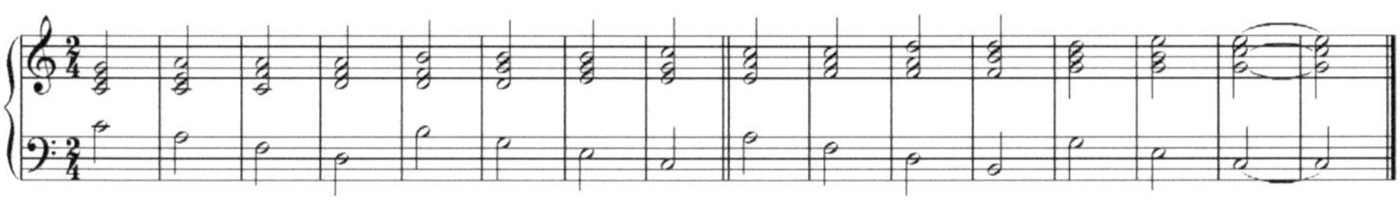

Dies wäre eine willkommene frühe Erfahrung für ein bis drei junge Pianisten, mit dem Streicherklang zu spielen. Im Gegenzug zwingen die Läufe am Klavier zu rhythmischer Sauberkeit bei den Streichern:

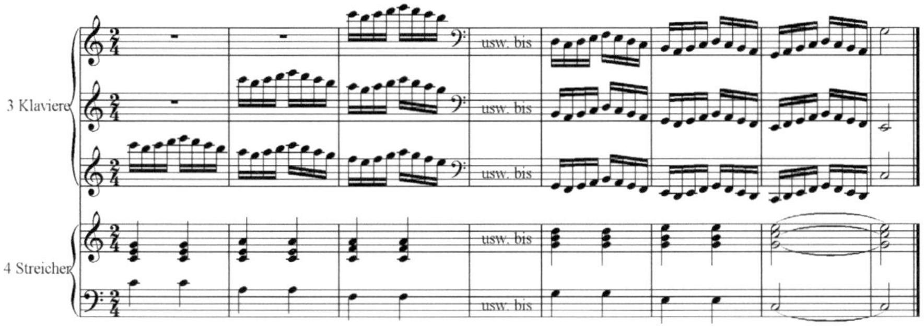
3 Klaviere
usw. bis
usw. bis
usw. bis
4 Streicher
usw. bis
usw. bis

6. Zwei Schlingelbahn-Gruppensätze über Anfängerstücke

Für die folgenden zwei Gruppensätze benötigt man eine gemischte Gruppe, die aus Anfängern und etwas fortgeschritteneren Schülern besteht.

Es ist sehr motivierend für die „Kleinen“ wenn sie zusammen mit den „Großen“ musizieren dürfen. Die Stücke der jungen Spieler stammen aus der Anfängerfibel[5] und müssen einzeln, als Duo und Trio sicher vorgearbeitet sein, bevor die Kinder in die Probe mit den älteren Spielern gehen können. Haben sie die „Schlingelbahn“ in einfacher Form selbst schon gespielt, dann fällt ihnen das Durchhören im größeren Gruppensatz leichter.

5 „Die Klavierbahn“, Heft 1

Nr. 1

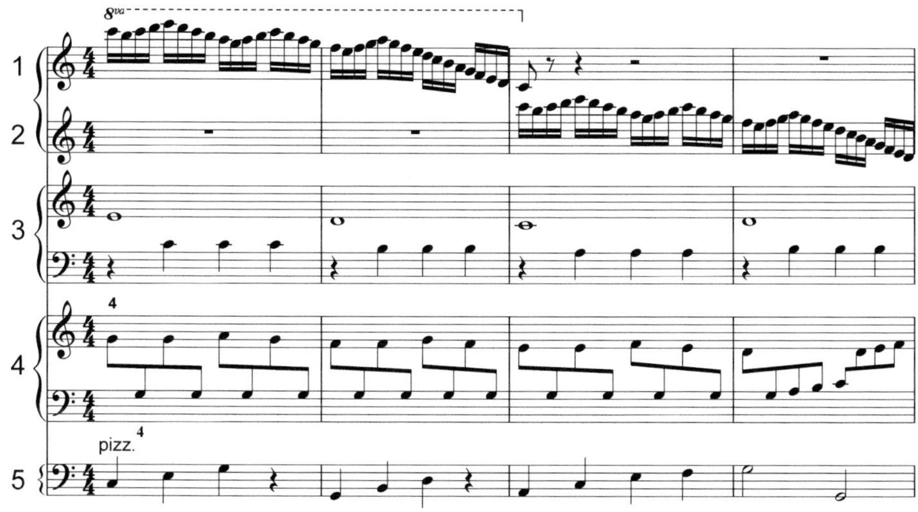

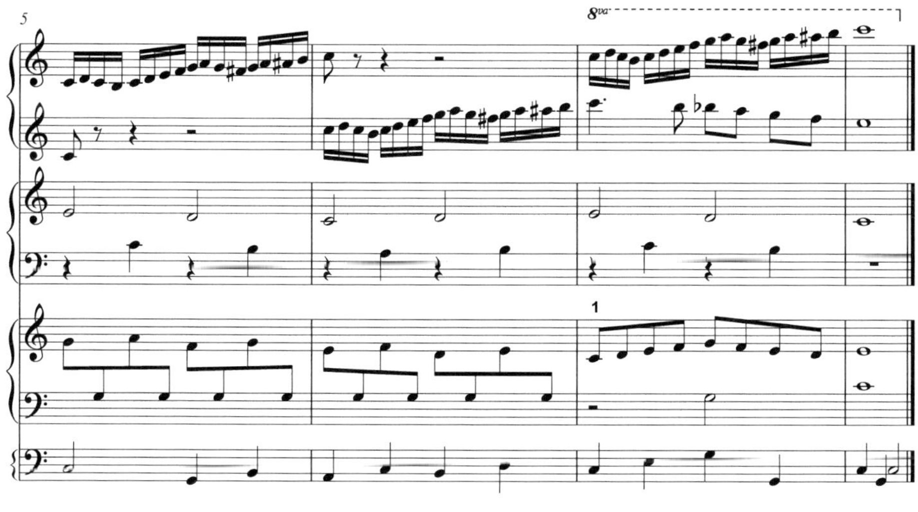

Besteht die Möglichkeit, andere Instrumente mitspielen zu lassen, so kann der Satz der „Kleinen“ als Klavier-Trio gespielt werden:

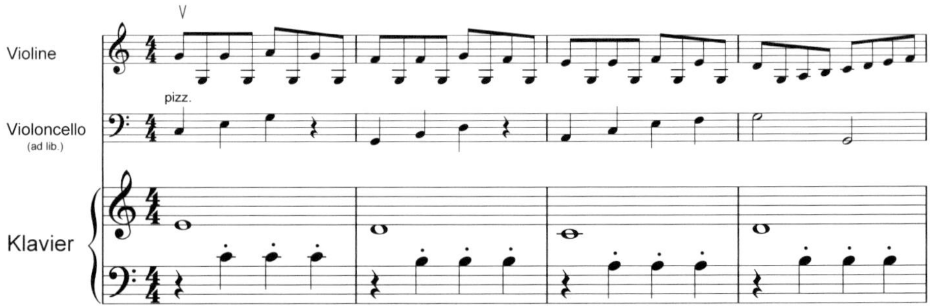

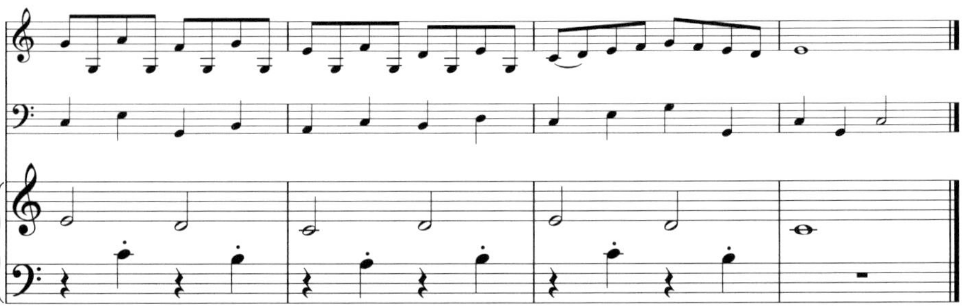

Schluß der Klavierstimme, wenn ohne Violoncello gespielt wird:

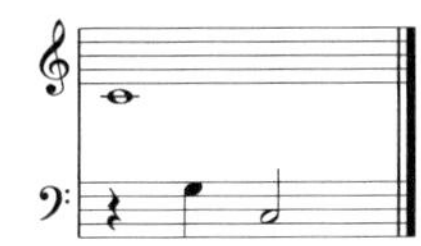

Möchten die „Kleinen“ nach einiger Zeit die Begleitstimmen der „Großen“ lernen, etwa weil noch jüngere Spieler mit den Stückchen aus der Fibel nachgerückt sind, dann lassen sich aus den Einzelteilen der laufenden Gegenstimmen in bewährter Weise Kanon-Übungen für die ganze Gruppe basteln, auch im Krebs. Man sollte solche Trainingskanons immer am Ende der Übung auslaufen lassen, um die einzelnen Stimmen nicht unnötig zu verändern. Sollen Krebskanons neben der Gehirnakrobatik die Gegenstimmen weiter technisch absichern, so empfiehlt es sich, den einmal festgelegten Fingersatz auch im „Rückwärtsgang“ konsequent einzuhalten.

Nr. 2

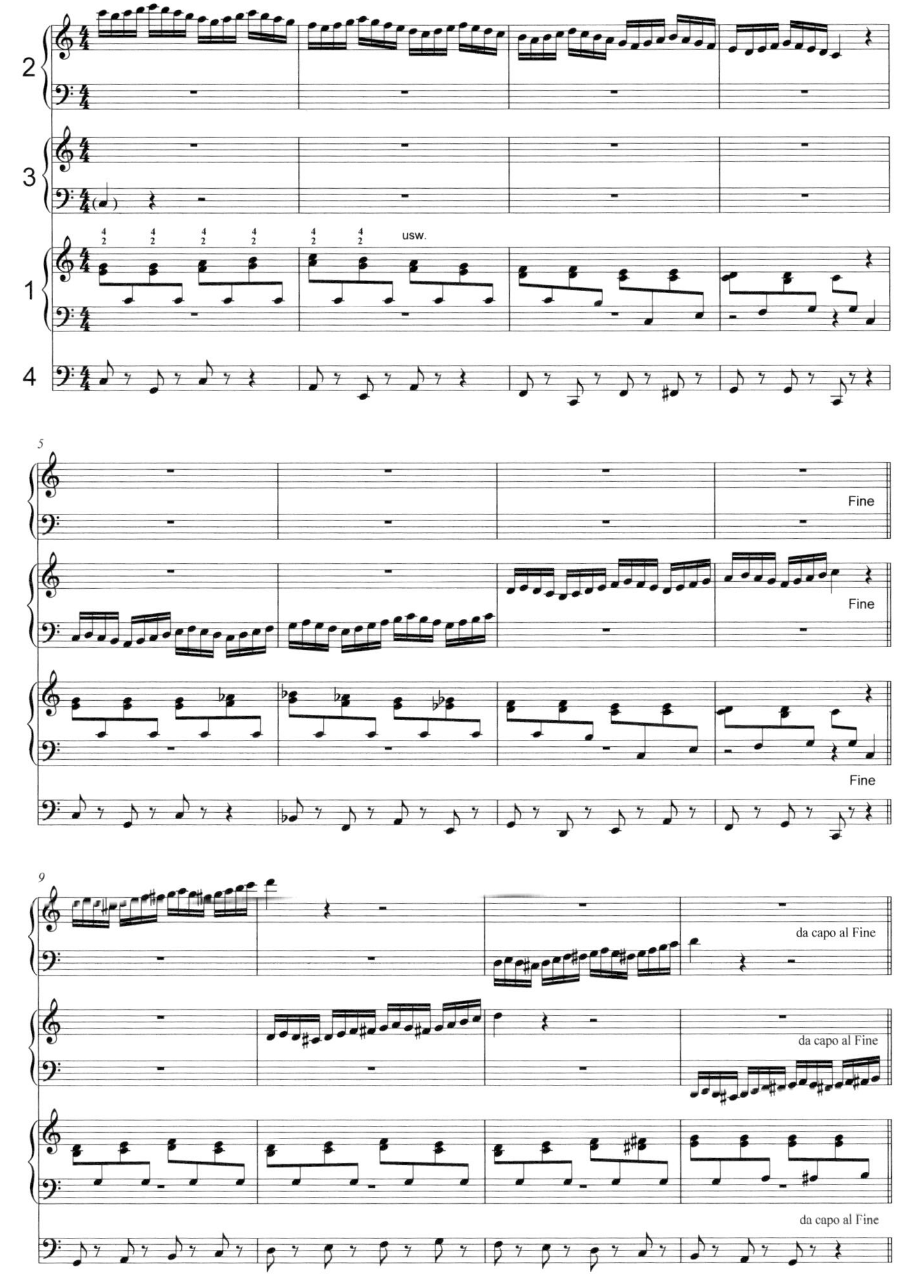
2
3
1
4
usw.
Fine
Fine
Fine
Fine
da capo al Fine
da capo al Fine
da capo al Fine

Die kleine bunte Terzen-Etüde kann man leicht einem jungen motivierten Kind vor dem Noten-Lehrgang auswendig beibringen. Die rechte Hand spielt ausschließlich mit 2,4, auch in Takt 4, wo der 4. Finger den 2. Finger „wegdrängelt".

Die Klaviere 1 + 2 lassen sich abschnittweise auf bis zu sechs Spieler verteilen. Die eintaktigen Einwürfe im zweiten Teil können wahlweise mit der rechten oder linken Hand gespielt werden. Steht ein Cello zur Verfügung, könnte es Klavier 4 übernehmen.

7. „Geisterbahn“

Kinder probieren gern aus. So sind im Verlauf des Unterrichtes einige Versionen entstanden, die ins Hören neuer Klänge führen.

Eine fünfjährige Schülerin kam auf die Idee, die „Schlingelbahn“ mit ihren schmalen Fingern und dem gleichen Fingersatz auf der chromatischen Leiter zu spielen. Die Übung wurde zur „Geisterbahn“, und ich sollte die normale „Schlingelbahn“ dazu spielen. Es wurde gerechnet, wo wir beginnen müssten, um auf dem gleichen Ton anzukommen. Die Erkenntnis, dass sie mit ihren schmalen Fingern bei dieser Übung mir gegenüber erheblich im Vorteil war, hatte – neben dem emotionalen Auftrieb für sie – die Folge, dass die Übung immer wieder gespielt werden musste.

Die folgende Fassung gefiel ihr am meisten:

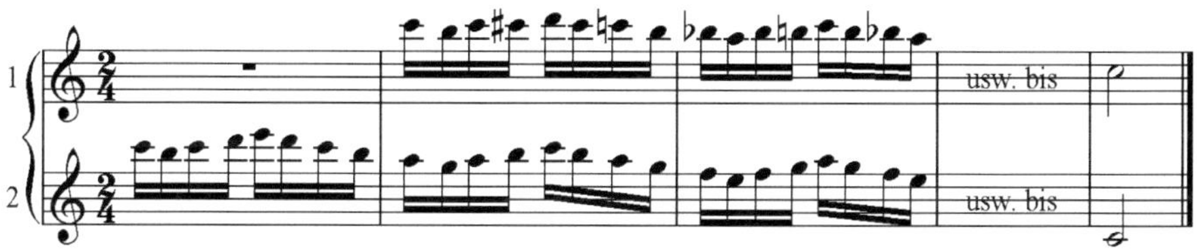

Die „Geisterbahn“ ist sofort bereitwillig von anderen Schülern übernommen worden.

Beim Ausprobieren von Kanon und Spiegel wurde sehr bald klar, dass die chromatische Version auf der Leiter anderen Gesetzen unterlag als die diatonische, und dass die doppelte Bahnlänge erforderlich war, bevor die zweite Stimme einsetzen konnte, wenn ein befriedigendes Hörerlebnis dabei erzielt werden sollte. Der Einsatz nach einer Figur im Ganztonabstand wurde zwar probiert, aber als zu hart empfunden.

Lässt man die Stimmen nach der zweiten Sequenz einsetzen, so kann die chromatische Übung entsprechend zur diatonischen Fassung im Kanon auf- und abwärts gespielt werden

Beginnt man im Einklang, ergibt sich eine Mixtur aus übermäßigen Dreiklängen. Spielt man mehr als dreistimmig, ergeben sich Verdopplungen. Soll der Mixtur ein anderer Akkord zugrunde liegen, wählt man einfach entsprechende Einsatztöne, die bei jungen Spielern evtl. mit Klebepunkten markiert werden können. Auch der folgende chromatische Doppelspiegelkanon wird gern gespielt:

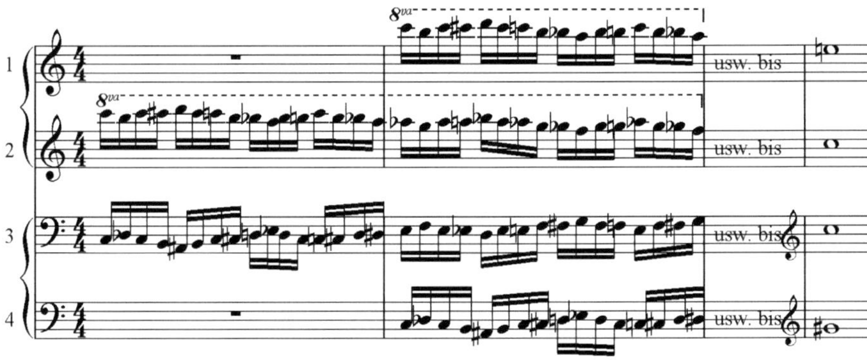

Will man den Spiegel beidhändig spielen lassen, dann sollte man ihn exakt auf der Tastatur spiegeln, damit die Griffe symmetrisch und dadurch leichter zu bewältigen werden:

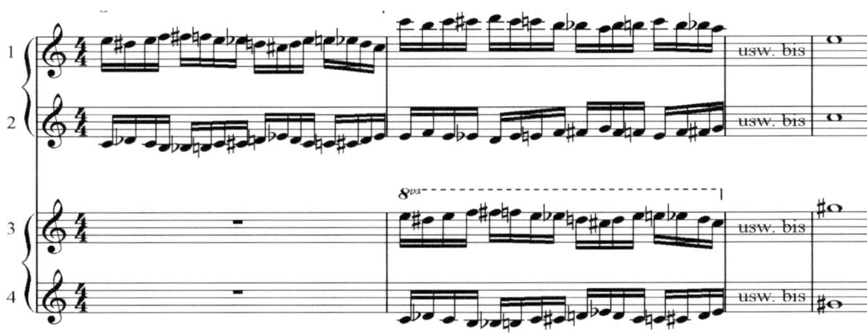

Man kann die „Geisterbahn“ abwärts analog zur diatonischen Fassung mit Begleitakkorden spielen. Soll am Ende wieder die Ausgangstonart erreicht werden (dies geht erst in Takt 19), gibt es Probleme, weil die Tastatur dann für die Kanonstimmen fast nicht mehr ausreicht.

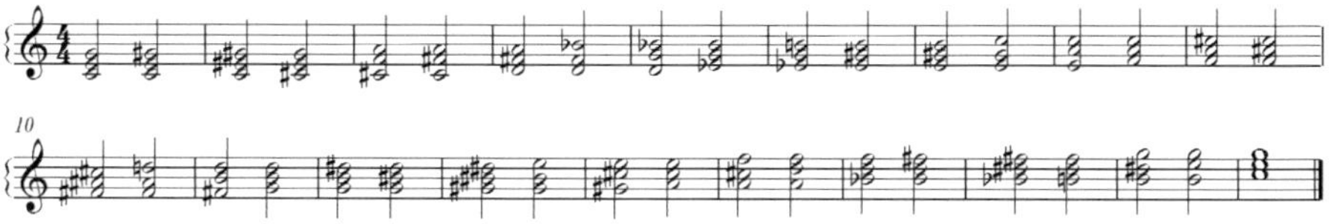

Für den „Geister-Kanon“ werden sechs Oktaven benötigt. Lässt man die beiden Geister-Stimmen auf einem Instrument spielen, so braucht man eine siebente, um Abstand zwischen den Spielern zu schaffen, damit sie sich nicht gegenseitig auf die Finger „treten“.

Es gelingt nur, wenn Start und Ziel nach B-Dur oder A-Dur verlegt werden. Dies ist auch für junge Spieler kein großes Problem, selbst wenn sie die Töne noch nicht alle benennen können. Es reicht, je einen Punkt auf „Start“ und „Ziel“ zu kleben. Die möglichen Griffkombinationen auf der chromatischen Leiter werden sowieso alle durchlaufen.

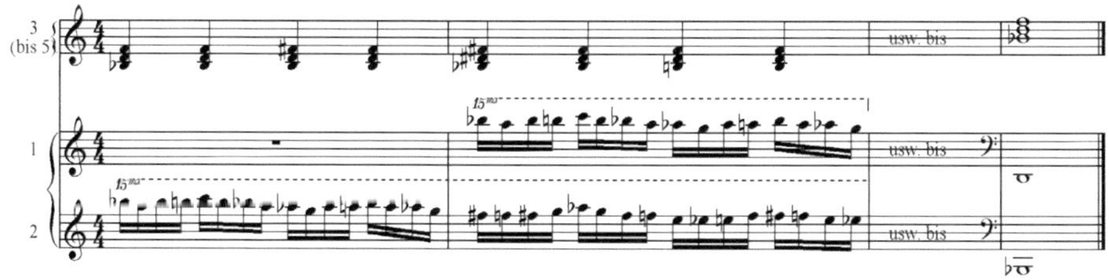

Hat man ein gutes Vororchester in der Musikschule, so kann man auch aus der „Geisterbahn“ eine Übung für Streicher und Klavier – bzw. Klaviere – machen. Es wird dann allerdings eher eine Hör- als eine Einspielübung.

Bei der chromatischen Fassung sollten die Begleitakkorde nicht entsprechend zur diatonischen Fassung (s.o.) zum vierstimmigen Streichersatz ergänzt werden. Ein oktavierendes Violoncello würde allerdings die Stimmführung unterstreichen.

Oktaviert man die beiden Außenstimmen nach oben bzw. unten, so hat dies zur Folge, dass die „Kreuzung“ zwischen Läufen und Begleitakkorden weniger scharf klingt. Am Klavier gespielt ergäbe sich auf diese Weise auch die Möglichkeit, den Satz fünfstimmig an nur zwei Instrumenten zu spielen. Die Begleitakkorde können durch die größeren Abstände der Stimmen von drei jungen Schülern an einem Instrument gespielt werden.

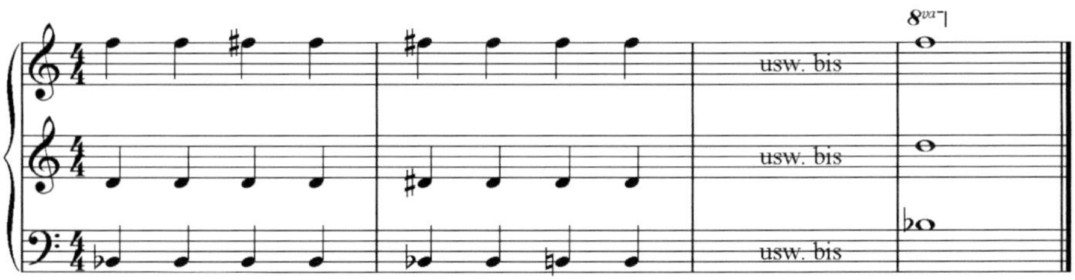

Soll die linke Hand gesondert trainiert werden, so empfiehlt es sich (chromatisch wie auch diatonisch) nicht, den kompletten Satz zu spiegeln. Die Begleitakkorde klingen nur aufwärts befriedigend.

Die Kinder spielen sehr gern den „Geisterkanon“ dreistimmig aufwärts.

Auch der dreistimmige Geisterkanon aufwärts wird von den Kindern in der Regel gern gespielt. Die Arbeitsschritte lassen sich ebenso wie bei dem Abwärtskanons (s.S. 129) in der Gegenrichtung anwenden.

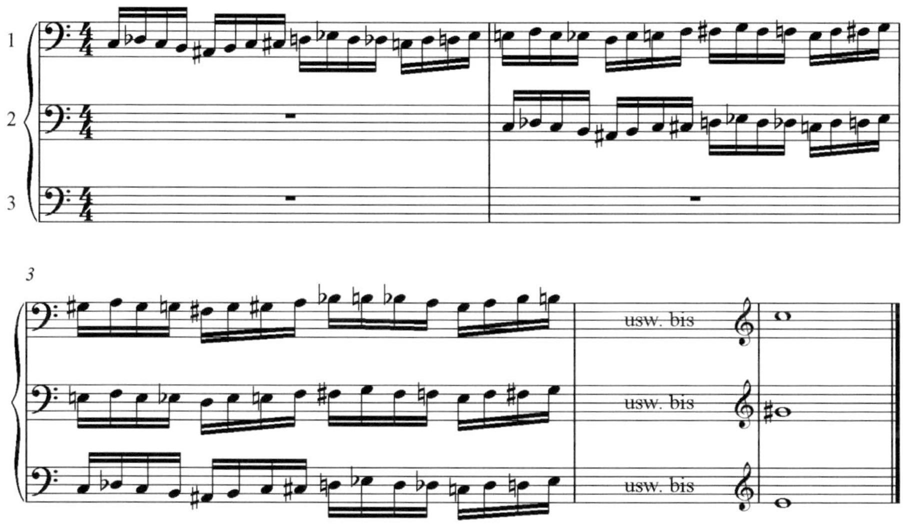
1
2
3
3
usw. bis
usw. bis
usw. bis

Ergänzend zu diesem Buch wurden und werden
zahlreiche Unterrichtsmaterialien entwickelt.

Über den aktuellen Stand informieren Sie sich bitte im Internet unter
www.klaviergruppen.de

Die Klavierbahn
Klavierschule für den Großgruppenunterricht

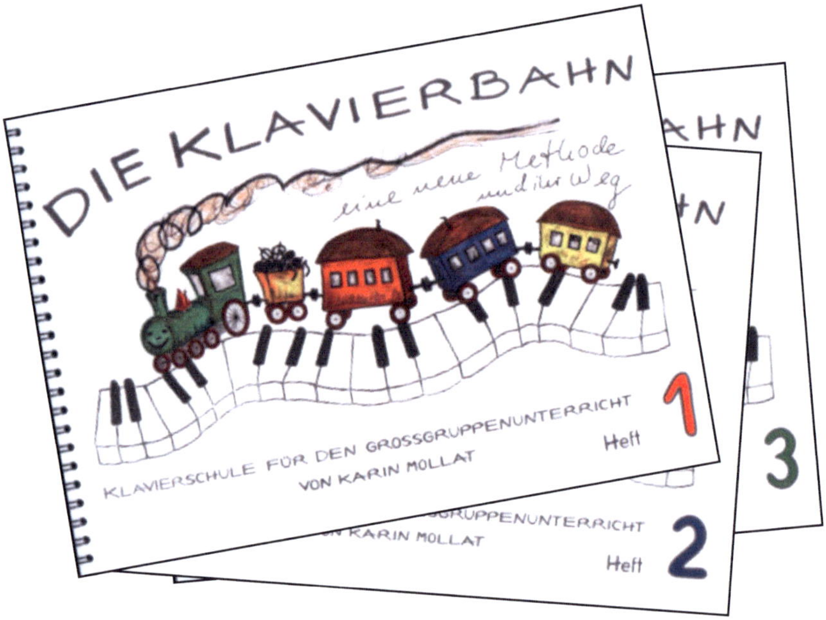

Heft 1
Für 1-4 oder mehr Vorschulkinder oder Schulanfänger, die anhand von einfachen technischen Übungen und Liedern, die noch ohne Noten graphisch dargestellt sind, in Gruppensätzen gemeinsam die Tastatur erobern.

Heft 2
Übergang zur traditionellen Notenschrift. Selbständige Spielstücke und kleine Etüden auf den weißen Tasten, die als Gruppensätze musiziert werden können.

Heft 3
Erweiterter Tonraum mit selbständigen Spielstücken und kleinen Etüden mit gesteigertem Schwierigkeitsgrad, die, wie in Heft 2, zu Gruppensätzen zusammengesetzt werden können.

Heft 4 (in Vorbereitung)
Tonraum wird um die schwarzen Tasten erweitert. Dadurch entstehen neue Klänge. Die Stücke können, wie in den Heften 1-3, einzeln oder im Gruppensatz gespielt werden.

Lehrerheft (für die Hefte 1-3)
Das Lehrerheft enthält detaillierte Vorschläge für den Unterrichtsverlauf und für Kombinationsmöglichkeiten, die auf die jeweilige Gruppensituation eingehen, dazu Hinweise, wie das Unterrichtsmaterial an Leistungsunterschiede der einzelnen Schüler angepasst werden kann.

Übungen für den Großgruppenunterricht am Klavier
Elementares Techniktraining in der Gruppe für Mittel- und Oberstufe.

1. Übungsheft mit Einzelstimmen für die Hand des Schülers
2. Partituren für den Lehrer oder fortgeschrittene Schüler